U0942448

品格。成為領袖之前

梁永泰、馮韻兒、陳栢麟

品格——成為領袖之前
作者／梁永泰、馮韻兒、陳栢麟
策劃編輯／伍詠慈
封面設計／林漫晴
內頁設計／五隻貓
出版發行／突破出版社
香港沙田亞公角山路33號突破青年村
電話：2632 0000　傳真：2632 0388
電郵：breakthrough@breakthrough.org.hk
網址：http://www.breakthrough.org.hk
http://www.btproduct.com
承印／陽光（彩美）印刷有限公司
2023年10月初版1刷

Character Values: For Future Leaders
by Leung Wing Tai, Winnie Fung Wan Yi, Patrick Chan
First Printing, First Edition, October 2023

Printed in Hong Kong
ISBN 978-988-8562-92-3

本書經文取自《新標點和合本》，版權為香港聖經公會所有，承蒙允准採用，特此鳴謝。

誠邀閣下就突破出版社的書籍發表意見

歡迎加入突破書籍 Facebook page — http://www.facebook.com/btbooks.page

本書採用環保油墨印刷

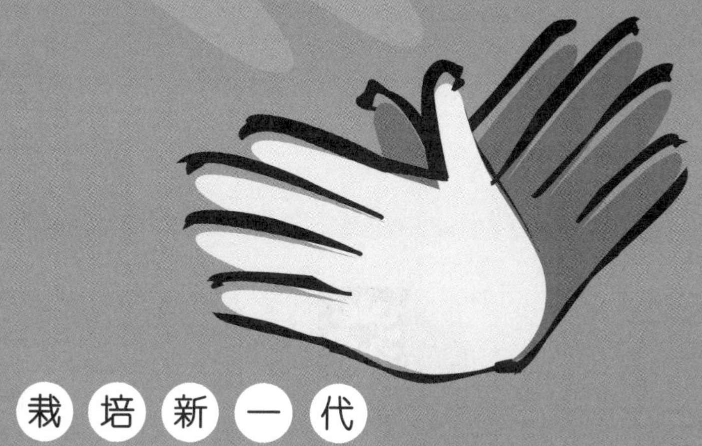

栽培新一代

年輕的心 驛動卻美麗

認識 貼近

關愛 同行

建造新一代更動人的生命

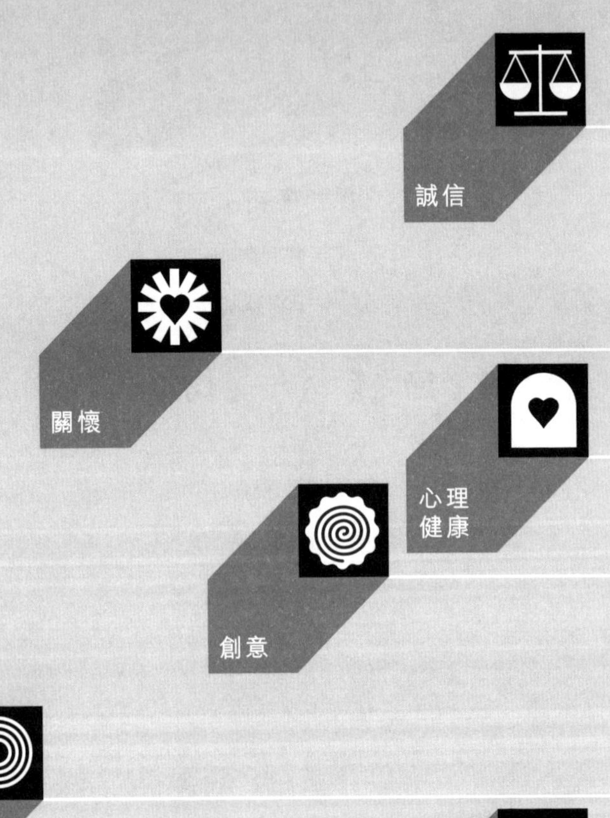
誠信
關懷
心理
健康
創意
目標
逆境
韌力

目錄

作者介紹

馮韻兒博士

馮韻兒博士在香港出生及成長，於美國哈佛大學完成學士及博士課程，主修應用數學及商業經濟學，畢業後於美國一所基督教博雅教育大學——惠頓大學教授經濟學，先後任職助理教授和副教授，主要教授微觀經濟學、發展經濟學及量化研究方法。她的研究興趣包括扶貧政策、公共衛生及經濟發展。在惠頓大學教學期間，馮博士更修讀聖經研究，獲碩士學位。馮博士曾於恩光書院任副教授及教務長，現為施達基金會署理總幹事 。

陳栢麟先生

陳栢麟先生於加爾文大學取得教育碩士學位，主修教育領導，以及於香港中文大學取得教育文憑。此外，他曾於衛道神學研究院修讀青少年牧養科目。目前，專責恩光書院的教育和媒體科技發展，並於企業教育課程中參與教學工作，亦被不同學校邀請作教師發展日講員之一。

之前，陳先生主責管理香港二級歷史文物——龍圃花園（亦作恩光書院郊區校園，2016-2021），負責其保育和活化工作，當中包括策劃社區教育計劃和設計互動工作坊，將龍圃花園的價值和其創辦人李耀祥博士的精神傳遞給香港新生代。現為恩光書院教育及媒體科技主任。

序言

陳栢麟

2022 年，英國前首相約翰遜因「派對門事件」違規下台。

2021 年，美國前總統特朗普被眾議院以「煽動騷亂」提出彈劾議案。

2020 年，日本東京奧委會理事高橋治之被指在申辦奧運時「行賄」。

2019 年，美國多間大學被揭「受賄」來幫助富裕家庭子女獲得取錄。

2018 年，九名港鐵高層因沙中線被揭發「偷工減料」被政府要求辭職。

2017 年，美國前眾議院院長科尼爾斯因「性醜聞」而辭職。

2016 年，南韓前總統朴槿惠因「閨密干政醜聞」被國會彈劾。

2015 年，國際足球總會前會長布拉特被裁定「濫用職權」遭禁止參與任何足球活動八年。

2014 年，俄羅斯代表隊被指控「系統性服用體育禁藥」，事後遭禁賽四年。

2013 年，中國前中央政治局委員薄熙來因「受賄、貪污、濫用職權」被判無期徒刑。

……

這書提到我們正生活在一個「VUCA」的新時代，每時每刻都在幻變（Volatility）之中，未來充滿不確定性（Uncertainty），過程錯綜複雜（Complexity），即使有人想預測未來，理據也是模稜兩可（Ambiguity）。

到底是什麼引致「VUCA」時代誕生呢？

當我們回望過去十年，不難發現其中一個共通點：「全球領袖的品格價值破產」。領袖本應帶領人民開創和守護未來，若深受人民信任，社會自然穩定。不過，當人民發現他們的品格不可信任，感到被出賣和欺騙時，領袖面臨下台或刑罰，結果羣龍無首，社會前途未明，陷入「VUCA」之中。所以，「VUCA」時代的誕生不是因為時代缺乏資源、能力和技術，相反是我們的時代領袖失去了品格價值。

如何可以重拾品格價值？試從《聖經》故事找一些線索：亞伯

拉罕與上帝、路得與奶奶、以斯帖與同鄉、保羅與基督徒、摩西與同胞、但以理與民族、尼希米與聖城、約瑟與父家……任何聖經人物的品格都不會只局限在自我之中，因為他們的世界觀總有父神、親友、民族、地土或國家。雖然他們的故事也很「VUCA」，但當中有一個很重要的元素存在，就是「情」。只有情，才令人立品……

而這情並非聖經人物獨有，《聖經》只提供了情的神聖內容。相反，情是人人皆可擁有，呈現在電影、小說、藝術、文學、歷史、文化之中，也活現在家庭、地土、民族、公司、機構、國家之內。因此，這書包含了以上因情而生的品格故事，例如：索尼工程師盛田昭夫的誠信、《北非諜影》中的愛心、2019 年諾貝爾經濟學獎得主 Esther Duflo 的關懷、日本動漫所呈現的心理素質、鑽石山火葬場的創意、突破機構的創業實驗空間、*A Touch of Wonder* 作者 Arthur Gordon 的目標、James Stockdale 的逆境韌力等等，從中也反映品格價值在現今時代的重要性。

試想像，當未來領袖的世界觀只有自己，沒有神，也沒有別人，地土和國家純是自己的資產和工具，他們就傾向自我中心，推崇個人主義，「偽善」成為他們唯一的選擇，這樣又如何談情說愛，又如何立品達人。所以，唯有豐富他們的世界觀，孕育他們對生命中的人、事、物的感情，「真情」才成為他們決擇前的重要考慮，這樣才可建立未來領袖的品格。盼望這書能成為眾人生活在「VUCA」時代的祝福。

序言

梁永泰

捉不到的未來？

未來是危機還是轉機？

科技主導了未來。智能科技、元宇宙虛擬世界、5G 高速資訊傳遞、虛擬貨幣等，人類面對所有行業轉型，誰能生存？誰能創造未來？

政治兩極化和多元化的未來。由西方主導的 200 年，昔日帝國殖民的日子，美國霸權的時代，慢慢邁向多元化國家的興起，多元文化相容或相爭，西方與非西方的角力，亞非拉文化的再興，會帶來什麼挑戰和機會？

生態危機使人類面臨絕境。瘟疫使多國人死亡，人際關係疏離，生活形態改變，教育和工作線上舉行。加上基因編輯，生物工程，會帶來什麼根本改變和可能性？

怎樣面對未來？

有人以不變應萬變，有人則隨波逐流，有人進退失據，有人卻抓着一些根本的信念。本書希望探求轉變背後的意義，轉變的哲學，建立品格價值和世界觀，成為未來領袖的素養，便可以在劇變的時代中，脫穎而出，帶領人類邁向新時代。

什麼是品格價值？

品格價值就是在變遷之中，我們相信什麼？持守什麼？傾慕什麼，有什麼資源可以面對轉變？

- **「誠信」是超越困難的貞潔。**
- **「愛心」是傾慕奉獻的價值。**
- **「關懷」是與苦難的人同行。**
- **「心理健康」是內省能力。**
- **「創意」是跳出框框，尋找另類視野。**
- **「空間」是建立內心和外在的發展天地。**
- **「目標」是在轉移的價值中重建長遠的憧憬。**
- **「逆境韌力」是尋找意義和適應能力。**

變幻原是永恆，未來的轉變是根本性和急速性，是範式轉移(paradigm shift)，不能逆轉。願我們建立結實的品格價值，無懼風浪，再創明天。

** 本書是恩光書院為企業培訓時的內容，三位作者是主講人，由何潤馨加以潤飾，豐富內容。陳炳賢和馬漢強把口述稿轉成文字，謹此致謝。

第一章 誠信

Honesty

誠信是要預備承擔責任及付上代價。

三年新冠疫情期間，美國有很多醫院，起初會把並非死於 Covid-19 的人都計算入疫情致死的個案中，這樣可取得國家的利益和補償；有些州份甚至會立刻宣佈進入緊急狀態，同樣是為了獲取聯邦政府的援助金。這現象反映當部分人以不誠實的方式去獲取利益，其他人會有樣學樣，同流合污。

本篇會透過四個故事或個案，分析「誠信」(honesty)包含的元素，讓大家反思研究何謂「誠信」。

1.1 令人失望的誠信——吹笛人

第一個故事名叫〈吹笛人〉(*Pied Piper of Hamelin*)，是德國的文學作品。在一個城市裏，有很多老鼠，村民無法消滅掉，於是國王就張貼懸紅，誰能夠把全城老鼠清除，便可獲獎金。有個陌生人出現，不斷吹笛，老鼠就跟他到森林，離開了城市。國王見到如此容易，吹吹笛子就處理妥當，會否給陌生人獎金呢？當然不會，國王因此誠信破產了，於是，這位吹笛人再吹另一首曲，全城的小孩便跟着他走到森林那裏，沒有再回來。

為何全城的小孩會跟從這個陌生人的笛聲呢？也許當他們見到在上位的人失信，父母如是，政府官員如是，沒有樹立起良好榜樣，於是孩子就反叛了，寧願跟隨另外一位「領袖」。**所以不論是長輩還是機構主管，若發現兒女下屬不跟從自己時，原因可能是自己先失信於人，未能以身作則。**

九七前後，當時的新華社採訪突破機構，問：「為何香港青年人不愛國家呢？」回歸後唱國歌，不是天經地義嗎？陸港分開了這麼多年，一家人能團圓，為何還有這麼多不滿呢？其實兩地分離多時，是不會突然「叮」一聲，青年人就會奇蹟地熱烈地愛國和愛唱國歌。一個人除了有民族身分，還有城市身分、文化身分、普世身分，不同身分集於一身，國家民族身分只是其中之一，難以單獨分拆出來剖析。當政府被視為因着一些短期利益，而對國民帶來集體的長遠傷害，下一代人的眼睛，就如「吹笛人」故事的小孩般雪亮，自然會有所質疑埋怨，行為也變得激進。就如有些離婚家庭的子女，有可能充滿暴力或怨忿，心裏很多憤恨，因為他們感到父母缺乏誠信。

吹笛人故事的誠信因果分析	
意願 (intention)	清除老鼠
手段與目的 (means and ends)	吹笛驅走老鼠
事實 (facts)	老鼠離開城市，走向森林
未來推算 (scenario building)	問題解決，吹笛人獲得獎金
事實的扭曲 (twisting of facts)	國王食言，不發獎金
後真相年代 (post-truth era)	小孩跟隨吹笛人
逐漸的退步 (regression in steps)	父母國王失信

1.2 有承擔的誠信——盛田昭夫

二次大戰後，日本一位年青的工程師，名叫盛田昭夫（Akio Morita），他父親開設了日本清酒公司，全家人也一起幫忙，父親當然想盛田繼承家族生意。當時有一家小型企業的總裁跑去探訪盛田父親，懇請他准許盛田昭夫加入其公司，共同參與營運，父親見他如此有誠意，就願意放手讓兒子一試，這公司慢慢研發出電晶體收音機，即我們以往稱為原子粒收音機，後來公司更改名為ソニーグループ株式會社（Sony）。

盛田昭夫年青有為，智慧勤奮兼備，公司常派他出國考察。美國東部麻省波士頓市有一家名叫 Honeywell 的公司，製造很多電子產品，是非常有規模的企業，他們想找合適的代工生產（Original Equipment Manufacturer, OEM），所以盛田昭夫獲委派跟他們談合作，希望取得生意。那時 Sony 的現金周轉不足，這宗交易實是許勝不許敗。他到美國後，看到 Honeywell 這麼大，心想如果 Sony 製造那些產品，卻沒有 Sony 的名字印在產品上，那實在不好，長遠對公司來説，弊多於利，既不能擴張業務，又未能打開更多市場，利潤非常有限，因此他不斷找藉口拖延簽約。

之後有人介紹他去紐約拜訪一位老人家，這個老人家就帶他欣賞百老匯舞台劇，當年票價非常昂貴，二百美元一張，他和老人家各坐一方，但開場不夠十五分鐘，老人家卻睡着了。

盛田昭夫感到奇怪，花這麼多錢買一張票，為何入場後卻呼呼大睡？他後來想到也許老人家不是真的想看，而是專要他去欣賞，希望他多接觸美國文化，因想到「他是為了我」，他便用心去觀看，並瞬間醒悟，日本人要和美國人做生意，真的要用心了解對方的文化。

為什麼要了解別人的文化？首位贏得蕭邦國際鋼琴大獎的華人——傅聰，他的爸爸叫傅雷，寫下《傅雷家書》。他教授傅聰如何彈琴，父親説他整日練琴，專注學音樂，這樣是永遠不能進步的！傅聰不解，爸爸説首要是先了解別人的文化，閱覽他國的文學和歷史，擴闊自己的眼界，試細想蕭邦三次被放逐，離開家鄉波蘭，彈奏悲愴交響樂時，懷着什麼心情。這樣才會彈得出眾。果然當傅聰多加明白波蘭背景文化，到了波蘭彈奏完畢之後，當地人都被感動得淚流滿面，説這個中國人比我們更像波蘭人，他竟然彈出我們的苦難與掙扎！這就是了解當地文化的重要性。

盛田昭夫之後順道去了荷蘭，到訪一個小鎮農場，農場種了很多玉米，當中一座像藏穀倉的建築物原來是飛利浦（Philips）的總部！誰會想到這個歐洲名牌的總部會座落在一個小鎮上。他想 Sony 也可像飛利浦一樣成為國際名牌，「飛利浦能做到，我們也可做到」。

之後他告訴 Honeywell，若不能在單獨或聯乘產品上印上 Sony

的名字，是不會簽約的。回到日本，他的上司和同事對他多多責難，但總裁卻很欣賞他的分析力和決斷，他雖放棄了短期的好處，卻為公司帶來長遠策略性的利益。盛田昭夫後來當上 Sony 的總裁，並合寫了一本書《日本製造》(*Made in Japan*)，他當時是唯一一位能夠看懂百老匯音樂劇，與外國人平起平坐，溝通自如的日本總裁。

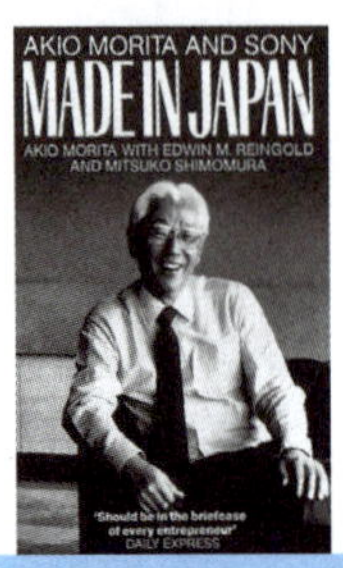

盛田昭夫及其著作 *Made in Japan*（圖片來源：Amazon）

Sony 開創了全片幅無反相機，今天攝影機巨型企業 Canon 和 Nikon 的銷路都不及 Sony，後來更購入美國哥倫比亞電影公司。當公司委託你去完成一項任務，寄望你能功成歸來，但現在你有可能搞垮了，這是否沒有誠信的表現呢？盛田昭夫看似沒有誠信，背棄重任，但他不因短線利潤而放棄公司長遠發展的需要，當初幸得總裁信任，才能令 Sony 業務蒸蒸日上，可見誠信不是非黑即白的簡單觀念，持守誠信要面對多種複雜處境。

索尼故事的誠信因果分析	
意願 （intention）	和 Honeywell 合作
手段與目的 （means and ends）	到美國洽談合作
事實 （facts）	合作不成，Sony 朝另一方向發展
未來推算 （scenario building）	Sony 倒閉或重生
事實的扭曲 （twisting of facts）	同事責難，盛田誠信破產
後真相年代 （post-truth era）	Sony 成功轉型，盛田成為總裁
逐漸的退步 （regression in steps）	未能轉型的人或公司會被淘汰

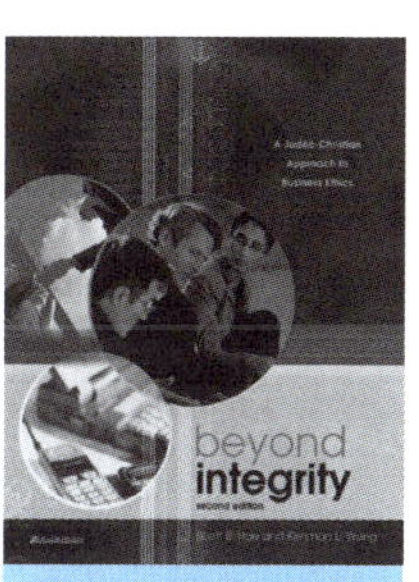

（圖片來源：Amazon）

有本書名叫 *Beyond Integrity: A Judeo-Christian Approach to Business Ethics*，是以基督及猶太信仰去看商業道德倫理，當中的立論是個人的誠信和公司的誠信乃兩種不同的東西，不是做個好人，公司就會生意興隆。某些處境在個人身上行之有效，但用在公司的文化制度中卻可能水土不服，這是個很有趣的現象。所以你會發現很多高官政要，雖然人品操守俱佳，但政策卻不得民心，例如前美國總統卡特（Jimmy Carter）是個好好先生，在教會任教主日學，但是他當美國總統後，政事卻弄得一塌糊塗。**故此如何將個人的誠信推**

展至公司與文化的層面，使公司成為一間值得信任的機構，實是很大的學問。雖然如此，但有時當人到了某些處境位置，個人可以做的事確實不多，但如能令一間機構抱持誠信，反而能產生非常深遠的影響。

1.3 關係中的誠信 —— 亞伯拉罕

亞伯拉罕的故事

亞伯拉罕是《聖經》中一個很重要的人物，他可以讓我們一起思考什麼是誠信？而當中最核心的元素又是什麼？

在希伯來文化裏有兩個重要觀念，第一個就是上帝觀，上帝在他們的人生中佔有重要的地位，而上帝的好惡會影響他們的行事為人。其實我們的中國文化也有這種觀念，就是我們做事要對得起天地良心，天就像是一個神，用來指引我們所作的，要更加正確和更趨理想，可以問心無愧。

此外，希伯來文化亦着重家庭觀念，他們覺得有子嗣是一種榮耀，令整個家族自豪，光宗耀祖，長輩甚至相信自己的祝福可以傳給子孫後代，福澤長流。中國文化也重視繼承，所以才有孟子那句「不孝有三，無後為大」，意思是沒有盡上傳宗接代的義務，導致絕先祖祀，視為最不孝。所以兩個民族實有共通之處，大家都期盼將祝福財產一代一代傳承下去。

若想傳宗接代，就必須要有位女性伴侶才能生育，故事主角亞伯拉罕和他的配偶撒萊，都渴望有自己的下一代。

主角最初名叫亞伯蘭，後來才改名做亞伯拉罕，意思是要祝福萬邦。當初，神要祝福亞伯蘭，就對他說：「我希望祝福你」，亞伯蘭聽後當然開心，但同時心裏也想：我既沒有後裔，那神的祝福對我來說就只有這一代，之後便沒有意義了。當然亞伯蘭真心想望其家族能有後代，那麼上帝賜予的祝福就能留給子子孫孫。但他和太太就算如何努力，也懷不上孩子，這確不是他們所能控制的。神當然看穿他的心思意念，就和他立約說：「你抬頭遠望廣闊天空，當中有多少星星？」實是浩如煙海，不計其數，上帝說：「你的後代就好像天上的星星一樣，數量之多會超乎你的想像。」結果亞伯蘭就這樣與神建立了一個立約的關係，但一種關係鞏固與否，通常牽涉各種因素，若這個關係受到誘惑時，就會出現危機。試想想人若渴望擁有後代，會出現什麼危機呢？現今世上有部分人，不能生育，就求神問卜，希望借助外在力量，令懷孕的機率可以增加，擁有子嗣，繼後香燈。亞伯蘭想既然太太已經過了生育的年歲，懷孕似乎無望，我是否仍相信神的話呢？而上帝對我的承諾，是否可用自己的方法去實現呢？不如就娶個妾侍幫忙生育吧！一旦這妾侍懷了孕，不單上帝的誠信藉着我的方法從而沒有破產，而我的祝福更得到延續，於是他就娶妾生子。其實，神的承諾，是針對亞伯蘭正室撒萊所生的孩子，其他妾侍所生的不在這約之中。

大家覺得上帝會否重新審視亞伯蘭的信譽?「雖然你行為上像要實現我對你字面上的應許，實情是你內心認定我不守諾言，沒有誠信，對我沒有信任，你這樣看待我，看輕我的品格，按人性，我應考慮是否廢掉這約呢?」但上帝的品格比人高尚，在希伯來文化中，更是行事為人的榜樣，上帝是說一不二，神再一次顯現在亞伯蘭的面前，對他說:「你會生一個兒子，名字要叫做以撒」，並很具體說明他後裔的資料。其實神早已立了這約，不用親自向亞伯蘭仔細解釋的，因為只要使撒萊能夠懷孕，生產嬰孩，就已經足夠了。但祂主動向他解說清楚，誠然就是說祂不但看重約的內容，更加看重與立約者的關係，並藉此建立立約者對自己的信任，希望當講解溝通得更加具體後，對方就能安心。可見，建立信任關係和提供具體內容，實在可以擊退外在不明朗因素影響，挽回立約雙方的情誼，解除關係中的誠信危機。亞伯蘭就這樣再次相信上帝，不只是應許字面上的意思，更包括應許背後立約人的品性，故與太太繼續持定信心。

故事至終，神按照祂的誠信品格與義務責任，儘管撒萊過了生育的年齡，仍神蹟地使撒萊為亞伯拉罕生了一個兒子，起名叫以撒，意思為「應許之子」。**而這故事也成為亞伯拉罕和他的後代，對上帝的誠信奠下一個強大而紮實的信任根基，以致他們日後即或偶然受影響，對人生失去信心，但仍會選擇回轉倚靠這位品格高尚的上帝過敬虔的生活。**

立約者的誠信

這誠信故事最核心的信息是什麼呢？誠信不只是約的內容，透過條文來約束雙方，而是立約雙方之間的**信任關係**和當中的**義務責任**，這是一個對立約者品格認同的情感評價。例如今天有人答應明天會送給你和其他人一枝筆，是向大家表達心意的行動，本應是很簡單的舉動，但如果大家深知出言者是一個出爾反爾的人，經常大話連篇，沒有誠信可言，即使契約的內容寫得如何清晰仔細，你也會對這個約產生疑惑，因為你認定與你立約之人並不可靠。相反若對方是言出必行及有誠信的人，即使答應了每人可獲贈一萬支筆，儘管這件事困難重重，但因立約者過往的誠信紀錄良好，大家早已建立了互信，你仍會覺得這件看似天馬行空的事情是可以發生的。

現代社會對人的每個承諾，每個約定，大多認為一定要以白紙黑字寫下來才是最令人安心的。只要寫得清清楚楚，大家的理解與期望就變得一致，事情就容易配合。但文字本身也有其限制，不能夠將所有情況包含其中。況且未來發生的事情，大家也很難預計，如果要將所有處境寫得清清楚楚，那份約的篇幅就很冗長了。**若果大家的誠信根基穩健，即使有些資料沒有寫得明白確切，只要雙方互信，事情總會辦妥完成的，期間遇到困難和挑戰，都可以攜手解決。**

因此立約的核心是不能單單只有約的內容，更是要考慮立約者的誠信品格和當中涉及的義務責任；當然，這是要經過時間的考驗。過程中或會受到挑戰和引誘，遇到一些可能會弱化雙方關係的因素，那又如何處理呢？是否互相質疑，互相猜忌，彼此斷絕往來？不再接觸？不再溝通？**一個有誠信的人，即使發生問題，在努力解決之餘，仍有義務要跟對方闡述清楚，展現出對這段關係的重視**，希望對方仍會信任自己，信心能夠仍然牢固，立約雙方的誠信得以保全。

亞伯拉罕故事的誠信因果分析	
意願（intention）	亞伯拉罕日後子嗣眾多
手段與目的（means and ends）	上帝立約使正室誕下兒子
事實（facts）	正室多年沒有所出
未來推算（scenario building）	沒有後裔
事實的扭曲（twisting of facts）	亞伯拉罕望透過立妾達成意願
後真相年代（post-truth era）	上帝親自向亞伯拉罕顯示約的關鍵
逐漸的退步（regression in steps）	人普遍透過眼見事物才會相信上帝的約

1.4 付上代價的誠信——哈維爾

捷克前總統哈維爾（Václav Havel）原是個劇作家，二次大戰之後，共產蘇聯崛起，於是美國連同西歐國家發展「北約」（北大西洋公約組織），以作抗衡。蘇聯同時建立另一個同盟，創建衛星國家如波蘭及捷克等，希望藉此鞏固各國的共產政權，稱之為東歐。1968 年捷克總統杜布切克（Alexander Dubček），他提出「有人臉的社會主義」（Socialism with a Human Face）的施政綱領，人民初時很高興國家擁有這種富有人性的社會主義，但不久蘇聯坦克入侵首都布拉格，禁止他們的政策，捉拿有關人士，並且推行鐵腕統治。哈維爾這位劇作家就與其他有識之士討論，在 1977 年與七十人聯署，寫下「七七憲章」（Charter 77），他卻因而被捕入獄。

捷克在三十五年共產政權下，人民是如何生活的呢？捷克人通常在郊區有間別墅，星期一至五就說「社會主義萬歲，共產主義萬歲，為人民服務」；但在週末就會去到郊區休息，說說真話，因為平日都是在虛謊中生活。哈維爾曾寫了一本書《無權勢者的力量》（*The Power of The Powerless*），提出“living in truth”的概念。一個社會最初可能只有少數人肯說真話，但當人數去到某個足夠的數量（critical mass）時，就會產生很大的影響力，因為真理其實一直長存在人心裏面。當所有人說假話，個個都浮誇虛偽時，真話就成為一種力量。當真理在你那處，就顯出弱勢人的力量（power of the powerless）。不過說真話要冒險，備受各方壓力，甚至付出很沉重的代價，這就是誠信。

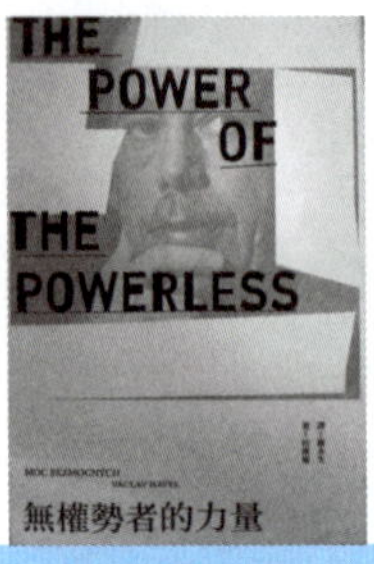

哈維爾著作中譯本（圖片來源：蜂鳥出版）

在歐洲的共產主義陣營裏，有說最富庶的國家是捷克，最有創意的亦是捷克，捷克製造的汽車銷量很好，其他國家的人也會購買，有說要等四年才能有貨。但從前捷克有個電台台長，他說過去很多年人民原來也不太知道捷克的確切現況，這有點近似電影票房篤數情形一樣，實是無從稽考。所以捷克人並未清楚自己國家的經濟實力，國內生產總值（GDP）如何，他們電台要靠探聽外國的行家如「歐洲自由電台」（Radio Free Europe）才能得知真相。柏林圍牆倒下之後，捷克也出現「天鵝絨革命」，捷克人便立刻推舉哈維爾當總統，之後就出現如 Radio One 的新電台，以往討論一些例如政治、鬼神或性之類的題目是禁忌，但新的電台就容許人民暢所欲言了，人民也很高興有這種自由。

說真話講誠信是否能解決所有問題？哈維爾在被捕入獄時，他那曾經入獄的好友 Vaclav Benda 天真地說，八九年柏林圍牆倒下後，哈維爾做了總統，我們不需要有「平衡文化」了，我們現在是自由社會，之前的禁書（Samizdat）不會再發生。其實資本主義下的市場經濟會產生另外一種壓力，另外一種限制。1991 年在布拉格，你會欣賞到一齣非常好看的螢光默劇（Black Light Theatre），但開放之後幾年卻逐漸變質，主因是遊客多了很多，為了滿足市場需求便增加場數和減低成本，以致品質大跌。原本的東歐電影工作者，除了政治議題外，他們在共產時代也能夠有創作自由，製作了很多經典；但在資本主義時代，因為這種題材沒有經濟效益，有些片種便無法繼續生存。即使持守誠信，也並非能解決所有問題。

哈維爾故事的誠信因果分析	
意願 （intention）	捷克「有人臉的社會主義」
手段與目的 （means and ends）	改革及聯署「七七憲章」
事實 （facts）	蘇軍入侵及哈維爾入獄
未來推算 （scenario building）	捷克維持原狀或有另一番景象
事實的扭曲 （twisting of facts）	捷克人活在謊話中且缺乏真實資訊
後真相年代 （post-truth era）	哈維爾成為總統，社會逐漸開放
逐漸的退步 （regression in steps）	傳統文化開始失色

1.5 總結

傳媒在當今社會很重要，也很有力量，從前最擅長透過媒體推銷的是前美國總統列根（Ronald Reagan），他為何可以做到總統，就是靠推動媒體，令羣眾贊同他的理念。在傳播學上有叫做形象塑造（image making）或者公眾意見（public opinion），媒體變相是給大眾提供了一個公共空間，多元空間，抒發感情的空間。不過，當主流的意見出來後，反對的聲音慢慢地不受重視，甚至會受到不同壓力，這便逐漸邁向 Elisabeth Noelle-Neumann 研究出來的螺旋形靜默（spiral of silence），聲音會愈來愈微弱，最後甚至不敢發聲，當社會不再重視誠信，便會產生指鹿為馬和皇帝新衣效應，可能只有清心的小孩才會不經意地説出真相：「為何皇帝沒有穿衣？」所以**誠信是要預備承擔責任及付上代價，只有這樣才能釋除疑惑，建立彼此之間的信任關係。**

延伸思考

1. 資訊多，真假的信息亦多，辨別真假的資訊更難，怎樣能辨別？

2. 資訊是商業的秘密，例如飲品的配方、軟件的設計、智能手機的設計等。愈是靠智能創業就愈容易被人入侵或盜用，怎樣能保障公司或個人的知識產權受到保護，防止別人盜用？

3. 商業上真的有雙贏嗎？抑或是零和遊戲？怎樣建立雙贏的關係？

4. 農業社會靠地土生產、工業社會靠機器、知識型社會靠腦袋，怎樣保障公司的人才不會流失？怎樣建立公司的智慧型資產？

5. 一項發明，有時未見其利先見其害，怎樣能防止為利益緣故而引進一些發明？抑或只顧科技發展而不顧後果？

6. 人與人之間，公司與公司之間，國與國之間，有沒有夥伴關係？抑或只有利益關係？有沒有永遠的敵人？有沒有永遠的朋友？

7. 立約是必須的商業條約，要愈細微愈清楚，防止漏洞，你同意嗎？立約可以用於朋友之間？甚或夫婦婚姻之間嗎？

8. 應許是什麼？神給亞伯拉罕的應許是雙方條約還是單邊條約？怎樣能確保神沒有食言？怎樣防止亞伯拉罕不守約？

9. 如果你是日本新公司的年青工程師，你會接受 OEM 的生意，抑或一定要每一種產品都要有自己的品牌出現？

10. 目的比手段更重要嗎？為了達成目的，一個人可以不擇手段？

11. 什麼是「後真相年代」？為什麼資訊科技愈是發達，資訊的真相就愈值得存疑？

12. 世上有沒有永恆的真理？抑或一切都是看環境，看個人的選擇，個人的解說，或對事情的詮釋？

參考閱讀

Blanchard, Kenneth H., and Johnson, Spencer(2003). *The One Minute Manager*. N.Y.: Morrow.

Bowler, Peter J.(2017). *A History of the Future: Prophets of Progress from H. G. Wells to Isaac Asimov*. Cambridge: Cambridge University Press.

Handy, Charles B.(1978). *Gods of Management: How They Work, and Why They Will Fail*. London: Souvenir Press.

Handy, Charles B.(1989). *The Age of Unreason*. Boston, MA: Harvard Business School Press.

Handy, Charles B.(1994). *The Empty Raincoat: Making Sense of the Future*. London: Hutchinson.

Handy, Charles B.(1994). *The Age of Paradox*. Boston, MA: Harvard Business School Press.

Havel, Václav(1989). *Václav Havel: Living in Truth: Twenty-two Essays Published on the Occasion of the Award of the Erasmus Prize to Václav Havel*. edited by Jan Vladislav. Boston: Faber and Faber.

Illich, Ivan(1973). *Tools for Conviviality*. N.Y.: Harper & Row.

Morita, Akio, et al.(1986). *Made in Japan: Akio Morita and Sony*. N.Y.: Dutton.

Sternberg, Robert(1996). *Successful Intelligence: How Practical and Creative Intelligence Determine Success in Life*. N.Y.: Simon & Schuster.

Stone, Hal, and Stone, Sidra(2000). *Partnering: A New Kind of Relationship*. Novato, CA: Nataraj Publishing, a division of New World Library.

Wong, Kenman, and Rae, Scott B.(2012). *Beyond Integrity: A Judeo-Christian Approach to Business Ethics*(3rd ed). Grand Rapids, MI: Zondervan.

梁永泰（2011）。《生命逆轉——聖經人物的第二曲線人生》（增訂版）。香港：突破出版社。

第二章 Love 愛心

愛心是由「愛自己」乃至「愛他者」。

《生死戀》(*Love Is a Many-Splendored Thing*)，是根據中歐混血女作家韓素音的自傳小說改編而成的電影。正如電影的名字，愛其實是很雄偉輝煌的事情。**我們每一位都是情人(lovers)，包含着多種對象的愛：對人、對物、對事情、對價值觀、對品格及對世界的愛。**

2.1 愛是什麼

「愛心」是由「愛自己」乃至「愛他者」，連成一線，而「他者」可以是你的家人、朋友、公司、國家等。

當我愛自己時，叫做自愛，但過度自愛會變成自戀。作者 Christopher Lasch 寫了一本書，名為《自戀主義文化》(*The Culture of Narcissism*)，描述當人自戀到極端，會以為自我是全對，其他人是全錯，在我眼中，「我」會變得非常美麗、非常標青、非常高貴，旁人都是下賤和醜陋，認定自己比其他人優勝，所以要將別人打倒、剷除，這便發展成法西斯主義(Fascist)心理。

另外一個極端，是只在愛「他者」，我們稱這是「捨己為人」。世上有誰會這樣呢，父母愛是其中一種，白居易的〈雙燕〉，其中幾句是「四兒日夜長，索食聲孜孜。青蟲不易捕，黃口無飽期……辛勤三十日，母瘦雛漸肥……一旦羽翼長，引上庭樹枝；舉翅不回顧，隨風四散飛……燕燕爾勿悲，爾當反自思：思爾為雛日，高飛背母時，當時父母念，今日爾應知！」

父母關心兒女，但只有兒女成為了父母，關心自己的下一代時，才會想起自己的父母曾經這樣毫無私心及捨己的愛他們。

那麼「愛人如己」應要到哪種程度呢？愛人如己的先決條件就是你要懂得自愛，這樣才懂得愛人，但有些人卻是不懂得愛自己。電影《喜福會》（*The Joy Luck Club*）是四個女子的四段婚姻故事，其中一個女子是華裔美國人，本來很有個性、很有個人看法，但因為她亞洲人的背景傳統，覺得什麼都應順從丈夫，結婚後變得純良，可是丈夫覺得太太婚後變得沒有個性，甚至感到無趣，要求離婚。在離婚之時，太太突然拍枱對罵，丈夫發現妻子的個性回來了，喊一句 I got my wife back（我找回我的妻子了），不用離婚！人先要找到自己的位置，才可以懂得愛其他人。

以下問題有助大家反思什麼是自愛？什麼是愛人如己？你心中的愛究竟可以達到什麼程度？愛又是否表示要失去自我？

思考問題

1. 什麼是你的最愛？

2. 你能夠沒有「它」嗎？

3. 你願意為「它」犧牲你的生命嗎？

4. 「它」愛你嗎？

5. 你怎知道「它」愛你？

6. 一天你發現「它」有很多不好的地方，你仍愛「它」嗎？

7. 你兒時的最愛，和現在的最愛有沒有不同呢？

8. 愛是永恆的嗎？

9. 愛需要有理由的嗎？

10. 愛是否合乎理性？

愛也要作出選擇及顧全大局，下文幾個例子發生在電影、《聖經》及現實生活中，都啟發我們愛其實要作出捨棄：

2.2 犧牲的愛——北非諜影

經典電影《北非諜影》（*Casablanca*），在任何電影類型經典排行榜中常居頭十名之內，是一齣非常出色的作品。此片是美國人拍的，於 1942 年上映，正值二次大戰的時候，美國也開始參戰。電影故事地點發生在二次大戰時的北非摩洛哥，酒吧老闆 Rick，經常幫助人離開非洲，投奔自由社會。而當時德國已吞併法國，法國殖民地摩洛哥也受影響，那裏已經有德軍駐守。在戰爭之前，Rick 在巴黎認識了一位女子 Ilsa，Ilsa 當時以為民主鬥士丈夫 Victor 已死去。事緣 Victor 是法國人，曾參與地下抗爭，在捷克進行反納粹德軍地下活動，後來被捉往集中營，傳來死訊。Ilsa 感到孤單，之後便戀上 Rick，原先二人計劃一起由巴黎前往另一地方生活。但 Ilsa 最終爽約，Rick 很傷心亦非常憤怒。一天 Ilsa 突然出現在 Casablanca 的酒吧，和 Victor 一起前來，剛巧當天晚上會有最後一班飛機離開 Casablanca，之後全城便會封鎖，而 Rick 有兩張特別通行證，可以自由出境。Victor 問 Rick，可否給他們夫婦二人上機。Victor 是搞革命的，覺得自己的使命很重要。但 Rick 卻異常不忿，對 Victor 及 Ilsa 非常不友善，不肯給他們。Victor 問為什麼，Rick 說問你太太吧！

大家可想想，這電影之後會如何發展？他們之間是愛人如己、兼愛，還是犧牲？最後到底誰可離開？誰可留下？

《北非諜影》劇照（圖片來源：Warner Bros. Pictures – https://www.vogue.com.tw/entertainment/article/casablanca-movie-quotes）

原本 Ilsa 想取兩張通行證，與 Victor 一起離開，她相信丈夫參與革命是很要緊的。但後來 Ilsa 作了個決定……因為她仍很愛 Rick，情願自己留下，她請求 Rick 給丈夫 Victor 離開。後來 Victor 單獨與 Rick 談，他原先是想和太太一起離開，但他最後做了個什麼決定呢？他得悉 Rick 和 Ilsa 的戀情，最終情願 Rick 和 Ilsa 離開，而選擇不去革命，這是否很意外？他是在犧牲。Rick 最後的決定是，把兩張通行證給了 Victor 夫婦，着他們離開，這就是《北非諜影》的震撼性。Ilsa 的選擇，令

Rick 很是感動，感到 Ilsa 仍然很愛他；Rick 也覺得 Ilsa 的丈夫 Victor 很令人動容，因為他願意犧牲，成全 Ilsa 和自己。最後 Rick 決定為這對夫婦作出犧牲，死就死吧！**捨己為人並不簡單，革命重要，愛人也很重要，而自我犧牲其實更重要。**

2.3 同行的愛——路得

近年社會發生了很多問題，因此有些人考慮移民，搬離這個城市，如諸位有機會移民，大家覺得需要考慮什麼事情？移民首先要考慮自己能否適應目的地的生活？還要計算資產能否應付開支？那裏的天氣又是否適合自己？當地語言是否可應付自如？他鄉的生活是否沉悶難耐？最難的就是自己內心的掙扎，我是否捨得放棄香港的機遇？若家中有四大長老要照顧，分分鐘都需要你，那麼自己又捨不捨得離開他們？在移民之前，要詳細分析清楚，才不至在移民之後後悔，在沒有了解分析這些問題前，實不宜有倉促移民的決定。

基督教《聖經》中有一個人物，名叫路得，她的故事可以探討什麼叫「愛心」，究竟愛的實踐中最核心的要素是什麼呢？路得的故事，是一個小女子為了親人，一位老人家，離開家鄉移民異鄉。她如何面對她的日子，她的未來呢？

古以色列國有段時期稱為士師時代，不同意見的首領和民間領袖冒起，很多暴力對抗的事情發生，不同外敵伺機攻擊，社會動盪不安。當時有一家人，丈夫名叫以利米勒，太太名叫拿俄米，他們有兩個兒子，分別是瑪倫和基連，一家人在猶大地生活。在這紛擾煩亂的時代中，同時又遇上饑荒連連，所以他們打算另覓一個合適環境，繼續謀生過活，最終選擇移民去一個叫摩押的外族地區。

移居摩押地，可以想像成香港人移民到泰國。以利米勒一家打算落地生根，兩個兒子在當地組織家庭，娶了非本族女子，分別叫做俄珥巴和路得。但好景不常，以利米勒和兩個兒子相繼過世，整家人只剩下三位女性，年紀最長的是拿俄米，還有兩位媳婦。在這樣的情況下，拿俄米不但失去丈夫，又失去兒子，為自己生活着想，需要尋找另一個宜居地方，安享晚年。她決定返回故鄉猶大，那裏有她的親戚朋友，可以互相照顧，當初的饑荒亦已完結，她回去是合情合理的。問題是兩位媳婦是摩押人，要如何安置呢？她們正如香港家庭移民去了泰國後，要把兩位泰國媳婦帶回來香港生活一樣，她們又是否能應付？現實是困難的，於是拿俄米勸兩位媳婦不要跟她回去猶大了，不如留在原地生活，或許仍有機會可以再婚，組織新家庭，得到照顧，於是勸告兩個媳婦說：「我的女兒啊，回去吧！不要跟我去了，你們跟我是沒有將來的，我不能再結婚生子了；即使能結婚生孩子，也不能再照顧兩位了，我為你們都非常愁苦，你們不如留在原來的摩押地。」

對兩位媳婦來說，留在原地是理所當然的，因為人需要好好照顧自己，但同一個處境情況，卻有兩種不同的選擇。俄珥巴與婆婆拿俄米吻別，選擇留在摩押，但路得卻想一路跟從拿俄米，拿俄米再勸路得說：「你的嫂嫂已選擇留下，你不如跟她一樣吧。」但路得的回應是：「你不要再勸我了，你去哪裏，我就往那裏住，你的親朋戚友，也將是我的至近親友，你所尊崇的上帝，也會是我的信仰，你在哪裏安葬，我也長眠在那裏，只有一樣可以使我們分離，就是死亡。」路得因情而選擇不一樣的路。

拿俄米懇求路得和俄珥巴返回摩押
（*Naomi entreating Ruth and Orpah to return to the land of Moab*）/ William Blake（1757-1827）
（圖片來源：https://commons.wikimedia.org/wiki/File:1795-William-Blake-Naomi-entreating-Ruth-Orpah.jpg）

拿俄米眼見路得如此堅定跟從，就不再反對了，反正回家的路也是危機四伏。拿俄米已年老，回到故鄉，是自然不過。但對路得來說，她卻是個猶大地的新移民，猶太人最歧視外邦人，摩押女子在猶大不會受歡迎，故此她不但要去適應一個新環境，更可能遭冷嘲熱諷。

拿俄米一直希望路得能夠再結婚，有個幸福家庭。在以色列地，農夫在農田打麥時，會把剩下的麥子留在地上，讓窮人可以拾取這些食糧帶回去，養活家人。路得為了維持生計及照顧拿俄米，隻身在田間拾取麥穗，養活自己和婆婆。結果她遇上一位年長的男子波阿斯，更結婚生子，充滿愛心的路得更把兒子給了拿俄米，作為她的養子，讓兒子長大後可照顧她終老。這確是個感人的故事。在路得的人生中，由移民到再婚，都會仔細為她婆婆着想，實為罕見。故當時的婦女都說：「你們相信的神確是值得稱頌，因為祂賜下一個非常愛婆婆的媳婦，她甚至比七個兒子還要珍貴」。

從上述故事中看到，拿俄米對兩位媳婦說話時，是同一句說話：你要為自己着想，留在原居地。其實對二人來說，這個要求是合情合理的，但路得卻認為這不是理由。原來愛的核心要素，其中一樣是在乎聽者的**情感世界分析**。當路得的世界觀中包含了他者拿俄米的視野，那麼拿俄米的前途、生活、身分及信仰，就與自己有關了，她的需要，變成我的需要。一個理性的決定，有時取決於以誰的目光和思想作考量點，情先於理。如果這個身邊人在你心中是非常重要，你就會凡事以他為先。從路得身上看到，愛就是要去忍受苦難，這苦可能有些人會覺得不值得，**但如果你愛這個身邊人，即使付出是辛酸的，還要飽受痛苦煎熬，你也會認定這過程富有品格價值。**

在故事中亦展示了一種**堅持的德性**，在整個移民過程及到達猶大後，路得都無間斷細心照顧拿俄米，不顧個人安危，持續地勇於冒險受苦，所以最終換來美好姻緣及名譽：有這媳婦比有七個兒子還要珍貴。放棄容易堅持難，但堅持無私捨己的愛至終令路得獲得喜樂洋溢，溫暖滿滿的家。

法國有間博物館叫做 Musée d'Orsay，從正門進入會發現一幅很秀麗的國寶名畫，名為《拾穗者》(*Des glaneuses*)，畫的就是路得的故事，創作者 Jean-Francois Millet，連梵高(Vincent Van Gogh)也曾模仿他的畫。據《聖經》記載，這位摩押女子後來成為耶穌家譜中的先祖。**所以人不要小看自己，人擁有高貴情操，並不在乎地位高低，也不在乎別人如何看你，而是在乎是否選擇一條捨己愛人的道路。**

《拾穗者》（*Des glaneuse*）/ Jean-François Millet（1814-1875）
（圖片來源：https://en.wikipedia.org/wiki/The_Gleaners）

2.4 矛盾的愛——潘霍華

還有一個與愛有關，又充滿矛盾的故事，就是潘霍華的故事。

潘霍華（Dietrich Bonhoeffer）是誰呢？他父親是腦科醫生，而母親是牧師之女，所以他的基督信仰根基穩健，很有素質。但人們卻認為潘霍華是個怪傑，他 21 歲在柏林大學取得博士學位，由於他天資聰穎，很多學校、教會和神學院都爭相聘請他，但他有一個問題，就是經常批評納粹德國。當時希特拉指責一次大戰之後戰勝國對德國不公平，不但瓜分德國的土地，又要德國巨額賠款；而在國內的猶太人，只會賺取蠶食德國人的財富，也是對德國不公平。於是希特拉煽動一些年青人搗亂及破壞猶太人的商店；但整個德國大部分市民，包括很多信徒、很多教會，都沒有仗義執言。潘霍華覺得這是問題所在，應該要發聲指出問題，但他一發聲不單令自己陷入險境，也令到身邊的朋友、同事及其他弟兄出現危難，那麼最後要說真話還是假話呢？他曾這樣祈禱：「神啊，讓我的國家在戰爭中失敗，致使祢的真理得以留存！」但這是一個很難的祈禱，難於啟齒，是愛國與真理的矛盾。

這樣的理念令他在找工作時困難重重，一次他遴選大學職位，他是兩位候選人之一，另一位是個是猶太學者，大學決定把那職位留給潘霍華，原因只是他並非猶太人。潘霍華覺得這對那猶太學者不公道，所以放棄了。及後紐約協和神學院聘請他，這是一所國際知名的學校，他離開德國去美國就職了。1937年的德國已開始進入戰爭狀態，一日潘霍華在紐約時代廣場踱步，思量到底要不要回家鄉。國家正值多事之秋，如果現在不回去，往後重建時，就覺得自己無資格參與。但若回去卻是九死一生，因為他多言，愛抱打不平，批評納粹黨危害國家。你覺得潘霍華應該回德國嗎？

最後潘霍華決定回去德國，參與兄長策劃的暗殺希特拉計劃。結果事敗入獄，獄中寫下一些信件及文章，後世將他一些文章集結成書，其中一本是著名的《獄中書簡》(*Widerstand und Ergebung*)。潘霍華在二次世界大戰結束前數星期被處決死亡，你覺得他對國家的愛是白費的嗎？

潘霍華的著作中譯本（圖片來源：基道書樓）

潘霍華說「基督呼召一個人是叫他死的」！上主的召喚是叫人捨己為人，潘霍華的生命見證和他的獄中書簡，成了許多人的祝福。他愛國家最核心的要素，就是捨己的愛，犧牲生命為要他人得着生命。

愛心需要犧牲和同行才能成就，當中或會充滿矛盾的掙扎，但只要勿忘初心，定能以生命影響生命，為下一代展示美好的榜樣。

2.5 總結

愛反映在品德價值上，在危機關頭，人仍堅持愛這種價值嗎？二次大戰時，英兵有三十三萬人滯留在法國沿岸敦克爾克（Dunkerque），因受德軍包圍，不能橫越英倫海峽，後來在英國政府協調下有幾千艘民間船隻，冒險幫助撤軍。美國新奧爾良（New Orleans）曾受颶風侵襲，美國人到超市搶掠物資。反觀日本在 311 地震海嘯後，日本人卻有秩序地往超市排隊買日用品。一個民族和一個國家的人民素質，便是顯明在他們所堅持的愛心上。

「愛情，眾水不能息滅，大水也不能淹沒。若有人拿家中所有的財寶要換愛情，就全被藐視。」這句説話出自《聖經．雅歌》，表面好像在説男女之愛如何堅貞，其實也可用來形容友情、親情等情感，不會因困難和艱險而遭破壞，甚至不能用金錢財寶來換取。**盼望大家接受愛所帶來的感動之餘，也付出愛，給其他人溫暖。**

延伸思考

1. 商業的競爭是勝者為王，不容許有軟弱或感情用事，內心要決斷，絕不手軟，你同意嗎？

2. 人人都説為了孩子，找最好的工作，找最合適的學校，找最安穩的國家去移民，這就是愛孩子嗎？外在的環境是否決定內在的生命與成長？

3. 家人需要我們不惜一切去愛護，甚至可拋開自己的安危及個人的發展，你同意嗎？為什麼？

4. 白樺説：「你愛國家，國家愛你嗎？」愛是有條件的嗎？愛是對等的嗎？愛需要有回報的嗎？

5. 公司是一個人工作和發展潛能的地方，如果公司發展前景不理想，又或你不太喜歡你的工作表現，你會跳槽嗎？一個人對一間公司的忠誠，是否以利害關係決定？

6. 朋友的愛，不可以牽連利益？朋友互利是天經地義的事？幫助朋友是很重要的，即使自己可能有損失，甚至捨己為朋友，你覺得可以嗎？

7. 男女的愛，是荷爾蒙影響？男女的愛，是一生相伴永遠長存？男女的愛，是互相幫助，沒有利益關係就應該終止？

8. 你會選擇專愛自己？愛人如己？還是捨己為人？

9. 怎樣培養關心「他者」的品格？怎樣培養察覺別人需要的敏感度？

10. 路得這聖經人物，放棄留在原居地和再婚的機會，一心照顧年老無依靠的婆婆，是愛心的表現？離鄉別井，受人歧視，朝不保夕，為了什麼？

參考閱讀

潘霍華著，許碧端譯（1998）。《獄中書簡》。香港：基督教文藝出版社。

Metaxas, Eric(2010). *Bonhoeffer: Pastor, Martyr, Prophet, Spy*. Nashville: Thomas Nelson.

Lasch, Christopher(2018). *The Culture of Narcissism: American Life in an Age of Diminishing Expectations*. Reissue ed.. N. Y.: W. W. Norton & Company.（中譯本：陳紅雯、呂明譯（2013）:《自戀主義文化：心理危機時代的美國生活》。上海：上海譯文出版社。）

第三章 關懷

Compassion

當我們去關懷的時候，

其實要付上一定的代價，

可能要花很長的時間，

但能為自己，為他人和為社會帶來好處。

「關懷」包含三種角色，第一就是關懷者的角色，第二是被關懷的角色，第三就是作為他者的角色，例如當你看見 A 關懷 B 時，感受到什麼情緒狀況呢？

以下將會分享一些案例及故事，它們都涉及關懷的範疇，首先請大家思想以下三道題目。

思考問題

1. 你最近關懷別人的一個行動。

2. 你最近一個被關懷的經歷。

3. 作為他者，你見到關懷行動的例子。

3.1 失敗的關懷

一瓶水加上膠袋，可以用來做什麼呢？印度加爾各答裏有很多雜貨店和士多都會賣一袋袋的水，為何會賣這些東西？因為住在該處的貧民窟或貧窮區域的人，沒有自來水或飲用水供應，每天只能買一袋袋的水。本來買一袋水平均價比買一大瓶水還要貴。每天買一大瓶水是便宜多了，但大部分人都負擔不起買一瓶水，所以只能買一袋水。當地一些士多亦會賣煙，但也有人不能負擔起一包煙，一包煙有二十支，所以店舖都是一支支煙分拆賣出去，由此可知飲用水及一些物品，對貧窮國家來説，是非常珍貴的。有見及此，有公司便希望為貧窮地區改善生活。

Play pumps 的故事

南非有間小型公司，名叫 PlayPumps International，以 play pumps 的方式去抽取地下水，1999 年時任總統曼德拉（Nelson Mandela）去探訪一間小學時見到這個產品，經過媒體報道後，事情便立刻火紅起來。幾年間就變成一間國際知名的公司，甚至美國前總統喬治・布殊（George W. Bush）和太太勞拉（Laura Bush）也在 2006 年的公開場合中讚揚這間公司，並且推動美國政府跟它建立夥伴關係（Public-private-partnership）去製造更多 play pumps。美國政府及各界合共捐了約六千萬美元給 PlayPumps International，計劃利用四年時間，到 2010 年便可以在各個非洲國家設置共四千個 play pumps，有望幫助一千萬人取得乾淨食水。該公司預計 play pumps 會在南非及其他地區發展開去，一步步地興建四千個裝置。

http://www.playpumps.co.za/index.php/how-it-works/

https://www.youtube.com/watch?v=S5mPKOCpLow

這個 play pumps 是怎樣運作呢（可掃上頁二維碼）？它的設計是這樣的：該公司先建一個類似遊樂場的氹氹轉，小朋友在玩氹氹轉時便會產生動力，這動力能將地下水搽到抽水站，流入儲水缸，而儲水缸大約可以裝滿 2500 公升的水。人們需要用水時，拿着水桶去盛載，只要打開取水站的水喉，便能得到乾淨食水。不但如此，他們還考慮在儲水缸周圍設置四塊廣告板，其中兩塊用來吸納商業廣告，得來的廣告費就可以用作 play pumps 的維修費，而另外兩邊的廣告板就用作公共衞生的宣傳。這個設計好像很簡單，但卻可以一舉三得，它主要是將一些乾淨的食用水和自來水帶到貧窮的地方，而設施又可以供孩子玩樂，亦能吸納廣告賺錢補貼。

思考問題：

1. **這間公司所做的，是不是關懷的表現呢？**
2. **從玩樂的小朋友角度來説，這間公司做的事情，是否關懷他們的呢？**
3. **美國政府捐了過千萬美元出來，從美國政府的角度來説，這間公司做的事情，是否關懷的表現呢？**

浮現的問題

不過事情往往沒這麼順利，到 2007 年，人們發現這個 play pumps 項目一敗塗地，為何這樣呢？

- 一個人每日的用水量最少要 15 公升。如果設置四千個 play pumps，目標是供應一千萬人，就等於一個 play pump 要供應二千五百人的用水需要。但有需要的人口眾多，單是一條村子裏已超過二千五百人了，受惠的範圍其實很有限，而需要設置的 play pumps 多得無法計算。

- 如果要供應二千五百人的用水需要，那些小朋友要每日不停在玩氹氹轉，並要用上 27 個小時，而這是不可能發生的。那麼就不要太雄心勃勃，把要求降低吧，只幫二百人好了，一個 play pump 供應二百人，大約是三十個家庭，如果要達到這目標，小朋友每日大概要連續氹氹轉兩個小時，但小朋友連續轉兩個小時，他們就會變成推磨的驢仔一樣，圍着石磨轉，那就不是玩耍，而變了童工。

- 小朋友愛新鮮事物，在 play pumps 玩了一兩星期後，便再沒有興趣玩；更關鍵是他們根本的喜好不是遊樂場設施，而是喜歡在空地上踢球，該公司認為城市小朋友喜歡遊樂場的氹氹轉，以為貧窮村落的小朋友也應該喜歡這玩意，但實情並非如此。

- 除此以外，play pumps 的維修費非常昂貴，原因是所用的材料根本難於在當地採購，或難於運送到這些偏僻的村落。而廣告板的收入也有限，因為那地方的人本來是窮困的，加上人流不多，駐足觀看的人也不多，還有誰會花錢下廣告呢？原本廣告板的概念希望能用收入補貼維修費，無奈現實卻並不合用。

結果是各界投放了六千萬美元支持，最後問題多多，挫敗連連。若要再重新思考上述課題，會否有不同答案？對於 PlayPumps International 來說，他們所做的，是否關懷的表現呢？對當地小朋友而言，該公司所做的又是否關懷他們呢？美國政府投放了數以千萬元，所做的又是不是關懷者的態度呢？

問上述問題時，人通常都會用關懷者的角度出發，大多數人也認為關懷者的內心是真誠的，一心不二只想為對方設想。雖然這很重要，但大家想像一下，若去到南非的村落問同一條問題時，你估計大部分人的答案會是什麼呢？他們可能回答該公司沒有考慮到他們的需要，play pumps 只是好看，但成效不彰。

當中發生的弊端其實關乎我們最初的動機，我們自以為是關懷者，但動機是什麼呢？美國政府的動機可能是為了美名，盼望得到國民和別國稱讚；個人捐助者或許是純粹能拍張照片，開心地在社交媒體分享給別人看我如何關懷一班非洲小孩；當然亦不排除有人真心是為他們設想。從受益人或受益地方的角度來看，除了實際果效考慮（如有沒有水供應或可不可帶給小朋友歡樂），被關懷者是否感受到一份尊重和愛護，同樣是非常重要的。

3.2 關懷的先決條件

調校我們的思維

當我們關懷別人時，需要以多角度去考慮整件事情：

A 關懷的對象	人或事物或議題 • 關懷人和關懷事有什麼分別？ • 可不可以關懷事而不關懷人？
B 關懷者的動機	純為自己或為對方着想 • 如果關懷者是純為自己，那算關懷嗎？ • 從 1）關懷者的角度、2）被關懷者的角度和 3）他者的角度去回答這問題，會有什麼不同嗎？
C 被關懷者的感受	感到被愛、被關心抑或被迫要接受，覺得被看不起 • 如果被關懷者的感受是負面的，那是關懷嗎？ • 從 1）關懷者的角度、2）被關懷者的角度和 3）他者的角度去回答這問題，會有什麼不同嗎？
D 被關懷者有否得着益處	有？沒有？幫倒忙？ • 如果被關懷者沒有得着益處，那算關懷嗎？ • 如果是幫倒忙(do more harm than good)，那算關懷嗎？ • 從 1）關懷者的角度、2）被關懷者的角度和 3）他者的角度去回答這問題，會有什麼不同嗎？

E 關懷者有否付出	有付代價抑或沒有付代價： • 如果關懷者有付代價，被關懷者有得益處，那算關懷嗎？ • 如果關懷者沒有付代價，被關懷者有得益處，那算關懷嗎？ • 如果關懷者有付代價，被關懷者沒有得益處，那算關懷嗎？ • 如果關懷者沒有付代價，被關懷者沒有得益處，那算關懷嗎？

問題 A 是分辨關懷的對象，要是關懷非洲有沒有食水供應，但我不關懷非洲人呢？關懷香港露宿者問題，但卻沒接觸過何一位露宿者算是關懷嗎？其實沒親身接觸過，只是留意這個議題並不是關懷人。

問題 B 是分辨關懷者的動機，純為自己抑或也為對方着想，假設關懷者純為自己，被關懷者又有何感受呢？譬如有位歌星要出專輯了，在出專輯之前，他為了引來媒體報道，就去派口罩；結果媒體真的報道了歌星這個「善舉」，那他的目的只是為了自己，而對於接受口罩的人來説，那算不算關懷呢？

至於問題 C 就是要引導我們去考慮被關懷者的感受：覺得被愛？被關心？被尊重？還是覺得被迫要接受或被看不起？例如家中有位老人家，家人怕他跌倒，規定他外出一定要坐輪椅，否則就不能踏出家門；那老人家當然不開心了，家人原本是出於關懷的，但對老人家來説，可能就覺得不被信任，不被尊重。所以大家需要思考被關懷者的處境和情緒。

問題 D 是考量被關懷者有否得着益處：就是判斷效果到底是有益抑或是幫倒忙，要是在幫倒忙，會為對方帶來長遠的弊端或者害處。舉一個例子，有美國公司聲稱，如果你買一對鞋，他們會捐一對鞋給非洲村落的小朋友，大部分顧客都很開心，因為付款買鞋之餘，亦可以送鞋給非洲赤腳的小朋友。但後來發現這樣做，就會令當地的造鞋家庭工業倒閉，引致不少人失業，因為他們不能與美國來的免費鞋競爭，你的初心原是幫一個小朋友有一對鞋，但間接卻令當地人失業，在這情況下大家又如何去思想關懷這件事呢？

問題 E 思考關懷者有否付出？有否付代價？這是有關利益的因素，如果我是有付上代價的，無論是在時間、金錢、健康或生命方面，那是否就屬於關懷呢？如果我沒有付出代價，甚至因而有所得益，我又如何去看待這個關懷的本質呢？

生命共同體

其實即使做了扶貧工作多年，也要一直學習關懷的功課，對於問題 B 關懷者動機或會有深刻的感受，原因是每次去到一個發展中國家時，最常見的一句句子是："If you come only to help me, then you can go back home."（如果你來是為了幫我的，那你可以回家去。）"But if you consider my struggle as part of your own survival, then perhaps we can work together."（要是你覺得我經歷的困難、我面對的困境，同你的生存、你的生命、你的自由息息相關的話，那我們可並肩作戰。）

這句說話很重要，因為關懷者之前可能從沒想過，在不同地方或國家，大部分人對這句說話是如此看重。原句本身是 Lilla Watson 在 1985 年說的，她是澳洲土著，也是一位視覺藝術家，她說過 "If you come to help me, you are wasting your time. But if you have come because your liberation is bound up with mine, then let us work together."（你來幫我是浪費你的時間……但如果你覺你的自由與我們息息相關的話，那我們可一同並肩作戰）。Liberation（自由解放）對他們來說是 liberation of poverty（脫貧）、liberation from oppression（從

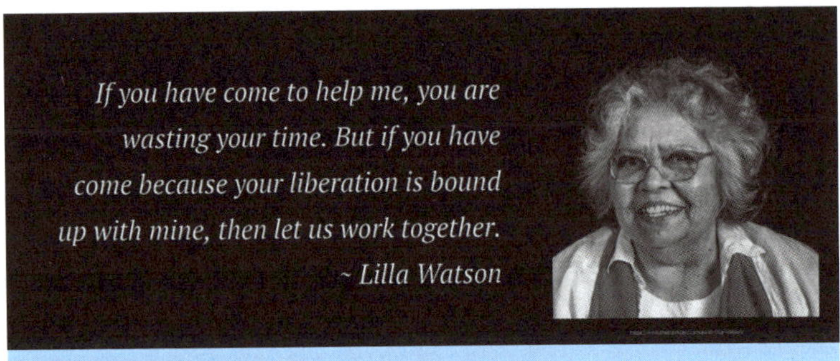

（圖片來源：https://palms.org.au/wp-content/uploads/2020/08/Capture2.png）

被壓制中釋放）、liberation from injustice（公義），意思是如果關懷者關注的是他人可以離開貧窮，離開這個壓迫的環境，離開不公義事情，像重視自己的自由一樣，那就歡迎你來關心我們，與我們一起，這才平等。

這是一個提醒，因為當關懷者這樣思考時，就會自然地處理到上文的 A,C,D,E 問題了。當你和被關懷的對象是建立在這種關係上：你覺得他的問題就是你自己的問題，他的快樂就是自己的快樂，他的開心就是自己的開心，那便會時刻緊記關懷的對象是人，而不是一個物件或一項有待處理的問題。而問題 C，被關懷者的感受就一定會得到考慮，問題 D 中被關懷者的益處也自然可以顧及，至於問題 E，關懷者的付出問題，就必須要有心理準備要付出，關懷永遠是要有代價的。正如 compassion 這個字，com 的字根是「和」（with）的意思，passion 的字根是「受苦」（suffering）的意思，所以米路吉遜（Mel Gibson）的電影《受難曲》（*The Passion of the Christ*），當中就有 passion 這個字，就是指耶穌為人受苦受難，而選擇釘十字架，所以 compassion 的意思就是「甘苦與共」（suffering with）。

當從事關懷工作時，要想想關懷的相反詞是什麼，例如愛的相反詞可能是恐懼，關懷的相反詞可能是自大（arrogant）和無知（ignorant），所以要經常問自己，其實我是不是自大呢？自視過高呢？覺得自己的時間及才華比被關懷對象重要呢？ 我是否無知呢？初心原是為他人好的，但因為我的無知達不到預期效果，所以說 compassion 是 suffering with 的時候，是需要調校自己慢慢達到 suffering with 的境界。不過在關懷對方之前，必須先去認識對方，因為人是不可能去關心一個你不認識的人，所以要願意花時間和關懷的對象或羣體相處。或許我們覺得自己不可能馬上進入 suffering with 的階段，但只要我們從學習如何運用時間（spend time with）入手，和一些我們想關懷的人交往，無論他是家人、親戚、朋友或同事，即使未立刻進到愛的境界，也能幫助我們朝着這個方向進發，緊記！大家都是平等的！

3.3 關懷的成效

從失敗中學習

說回 play pumps 的個案。失敗是沒有問題的，最重要是從中我們學習到什麼，假設你是 play pumps 的項目經理，你現在回到總公司要開一個檢討會，你在會中要問同事什麼問題呢？如果你是 play pumps 的總裁，要開一個檢討會，你又要問哪些問題？檢討會當中的建議批評是需要有成效的，所以要問一些明確兼具針對性的問題，可能有以下題目：

層次	問題
A 第一層次問題	有些問題和計劃本身有密切關係，譬如： ・誰要負上責任？ ・有否計算出錯？ ・如何挽救這個計劃？ ・怎樣可以改善效能？ ・是否需要注資令事情更加順暢？
B 第二層次問題	有些問題是方向性的，因實際行動和方向期望是有關的，那麼可能要回到用家的位置去考慮，譬如： ・用家的期望是什麼？ ・用家的實際需要是什麼？ ・為什麼小朋友沒有興趣去玩呢？ ・是否真的需要這個 play pumps 呢？
C 第三層次問題	再廣闊一些的問題，就不是問計劃本身出了什麼問題，而是問： ・當中學到什麼呢？ ・如何成為命運共同體？ ・如何更了解用家的需要？ ・當初為何要成立這間 play pumps 公司？初心是什麼？

A 類問題，主要是一些直接與項目運作、材料及效能有關的事情，亦是前線員工如項目經理最關心的地方。

B 類問題，涉及改變公司的方向，如考慮是否有其他供水方法，每個 play pump 成本不輕，若改掘四個井及在井旁設置手動水泵，是否較便宜兼有效？又或者改用水塘及輸水管，是否可行？那可能影響到公司的名稱，公司名稱是 PlayPumps，若改計劃就會變成又不是 Play，又不是 Pumps，這樣是否要結束計劃，去做另一類工作呢？還是直接改掉公司名稱比較好？

至於第三層問題涉及深層次的思考，為何當初公司沒有了解用家的期望和需要？公司的假設是源於自己的想像和設定，不一定是現實的。我見你沒有自來水，當然推想你需要水，所以我根本就不用問你的期望；我可能覺得你的知識水平有限，向你解釋技術和材料問題，是對牛彈琴，浪費時間，所以你當然沒有什麼意見可以貢獻給這個計劃。歸根究底，這背後是一種潛意識裏自大無知的心理：我覺得我是個供應者，你只是個接收者，公司有能力、有知識、有資源、有智慧及有科技，當然是由我來教你怎樣建造 pumps，教你選什麼材料，教你怎樣打造一個氹氹轉。我就是專家，你只不過是受助者，正正由於這些對自己和對他人的錯誤基本假設（underlying assumptions），忽略了用家的期望和需要，導致之後一連串的錯誤評估和計劃失敗。

對自己的假設	對他人的假設
• 供應者	• 接收者
• 有能力、科技、資源、知識	• 沒有能力、科技、資源、知識
• 我知道你需要什麼	• 你沒有什麼可貢獻的
• 我知道什麼對你來說是好的（文化優越感）	• 不知道什麼對你好
• 我的時間更寶貴	• 你的時間不會比我的寶貴

在回答以上問題時，需要很誠實面對自己，我的盲點是什麼？我是否看自己是一個有錢、有資源、有技術而比他人優越的人？

關懷者的盲點

反省這個計劃時有兩個重點，第一個重點是**文化優越感**問題，以自己的標準看事物，自認我知道什麼是對你最好的。可能初心原是善良的，對自己來說一個豐盛的生活就應該如此：我的小朋友能開開心心玩氹氹轉，你的小朋友也將會高高興興玩，他們可以歡天喜地遊樂之餘，又有自來水供應，這就是我想像中的豐盛生活，我的日子如何，你的日子也當如何。這隱藏的文化優越感使我假設你沒有見過世面，所以你不會明白這些東西如何有用，現在讓我來教你什麼才是對你最好的。這種對自己及對他人的假設，就反映出一個人的品格和世界觀，而各人的世界觀差異，就顯示出他怎樣看待自己，怎樣看待其他人，怎樣看待彼此和整個社會的關係，若大家多去反思上文 C 類問題，就會減少一些錯誤的假設。

另外一個問題是**時間付出**，一間公司必然會去作實地考察和研究，做資料搜集，可能只花兩至三星期，但為何公司不願意花時間派員住那裏呢？可能是因為公司員工很忙很多工作，用三個星期，其實已經花了不少時間和成本。想像在香港，我們每天廿四小時可以處理許多事情，要去外地一個可能沒有互聯網訊號的村落逗留半年是不可能的，壓根兒背後想法是你的時間沒有我的時間寶貴。事實上，要在很多貧窮國家搞建設，可能要在當地居住多個月，甚至超過半年時間，才能真正明白當地人的文化背景、生活狀況和需要是什麼。

3.4 關懷的目的

同甘共苦的羣體

關懷行動是要常常提醒自己，願意與對方連結，視彼此為一個命運共同體，我願意和他甘苦與共（suffer with, suffer together）。當我們有這種態度時，就自然會有心理準備付上代價，正如上一章的路得，她跟婆婆回到家鄉，就有這種 compassion（關懷）和 suffering with（甘苦與共）的心態了，她覺得自己和婆婆的生命是綑綁在一起，你去到那裏我就去到那裏，你死在那裏我都死在那裏。《聖經》有另一個命運共同體的例子，不單是家人，而是社會每一位也是相連緊扣在一起的。

波斯的猶太王后以斯帖

提到甘苦與共這情操，不得不提《聖經》中一位人物——以斯帖，如果有一天，你知道有親人或朋友被其他人欺負時，你會怎樣做？你會如何處理呢？

這故事發生在中古時期的波斯王國，它是個很強大的國家，其軍隊四出侵略他國，當中包括以色列。波斯王戰勝後就會擄回一班精英到自己首都工作，所以首都裏有不同種族的人民。時任國王亞哈隨魯王，他興起一個叫哈曼的人當宰相，他是亞甲人。同期有一位被擄猶太人後裔名叫末底改，他對養女以斯帖說：「王現在另選王后，你年青貌美，可以參選吧。」結果真的被選中了，王又很喜歡她，即立她為后。結果在這王朝中，有兩股勢力，一個就是王后猶太人以斯帖，另一位就是宰相亞甲人哈曼，問題就出現了，原來猶太人和亞甲人因種種歷史原因成為世仇，我不滿意你，你又仇視我，大家起了很多爭論。

處於一人之下萬人之上的哈曼，除了王，所有人都要向他跪拜。一天哈曼在街上行走，看見猶太人末底改，但末底改沒有因遇見哈曼而向這位宰相下拜，哈曼就非常生氣，心想所有人都跪拜我，為何你不跪拜我呢？你不拜我，我就殺了你，不止殺一人，而且要殺全家，甚至誅連你整個族羣，當猶太人得知將陷入滅族危機時，全民也驚惶失措。身在深宮的以斯帖本應資訊有限，但她從宮女太監那裏得知養父傷心難過，而養父亦把這件事情告訴女兒。以斯帖只是後宮王后，其實也不曉得可以有什麼作為，但末底改說了番很警世的說話：「你不要覺得自己可置身事外，若不及時伸出援手，你和你父家必遭受上天的懲罰，你我的命運其實早已綁在一起，我有危難，你也不見得安全，你今日得到王后的位份，就應要把握機會，為整個猶太民族發聲。」

這個時候，以斯帖想想，即使身為王后，如果沒有經傳召貿然去見王上，王有機會立刻把她賜死，這是非常可怕的。但她亦明白她的命運已經和猶太民族結連，所以便願意冒這個危險，覲見王上，死就死罷！結果禁食三天之後，以斯帖就穿上華麗衣飾，到達王的宮室外邊，剛被王上看見，就接見了她。王問所寵愛的王后，她要什麼也會給她，甚至是國家的一半也可以賜給她，以斯帖便回應説：「我所要的東西其實很簡單，就是自己的性命，身為猶太人，即使為奴為婢，我們也可甘心不發怨言，但若要我們這個民族在波斯國被誅滅，最終最大損失其實是王你自己。」王就發怒説：「誰如此奸險要陷害我，我要將他抄家賜死。」以斯帖就説出那個壞人就是哈曼，結果王就捉了哈曼，殺了他，甚至將哈曼的宰相職位和他的家產，賜給以斯帖和末底改，之後末底改得了官位，積極為以色列人爭取各種福利，謀求幸福。

關懷的核心

這個故事是在説關懷，關懷的核心要素是什麼呢？

第一個重點就是原來**人類是共存的**，當時以斯帖身在宮中，大可以平安過日子，即如我們今天所説，你有你的生活，我有我的忙碌，彼此互不相干。但事實並非如此，原來你的命運和我的命運是在同一個處境之下，是結連在一起，密不可分。你的事就是我的事，是我們共同的事，所以不可以不發聲，正如末底改對以斯帖說，她要為民族發聲。當一個人發現生命危在旦夕時，智慧就可能會是最多，勇氣也會是最大，所以她願意「死就死罷」！冒險去見王上。

第二個是**社會責任**，相信大家都知道，能力愈大，責任就愈大，這種能力不單是你的財力和學識，還有你的身分和地位，當你位高權重，你與社會的結連就愈緊密，責任便愈大，這樣就要為社會做點事。責任是什麼呢？並不是你喜不喜歡做，做了開不開心，快不快樂，責任是說「應不應該」去做；正如消防員救火，不能說喜不喜歡，這不是興趣，而是一種責任，責任是即使死都在所不惜。有人會質疑社會責任可能令自己或公司得不着益處，其實社會整體最終確實會有些良好的果效（common good），就像一盞燈可以帶給人光明，其他人就會沿着光走在同一方向，被吸引過去，若世上有不同的人發光，世界便會變得美好。

現時社會經常說什麼社會責任和關懷之類的題目，曾有一位商人，被問到如何看社會責任呢？他說在商言商，當然要不斷去謀利，賺最多的錢，交最多的稅，錢給了政府後，由政府主導做社會關懷，但細心一想，他會否把責任外判給政府呢？從命運共同體角度去看，政府也有其難處，政府要兼顧很多政策措施，當中守則法規又多，這樣做事自然缺乏彈性。社會如此之大，問題不斷，一些事情實需彈性處理，部分人亦急需得到適時緩解，畢竟他朝君體也相同，當自己出現困難，也希望儘快獲得幫助，所以才説命運是結連的。**現今有能之士的社會責任在哪裏呢？能否在一些社會問題上發揮其影響力，作社會中的光明之子，引領各界踏上光明之路。**

3.5 Addressing Absence

下圖三個經濟學者於 2019 年取得諾貝爾經濟學獎，他們所鑽研的題目均是發展中地區的經濟，左面的 Michael Kremer 任教哈佛大學，中間的 Esther Duflo 和右面 Abhijit Banerjee 是麻省理工學院的經濟學教授。

（從左至右）Michael Kremer、Esther Duflo、Abhijit Banerjee
（圖片來源：https://www.sciencenews.org/article/economics-nobel-prize-poverty-science 文章 Addressing Absence）

論文 "Addressing absence"
https://pubs.aeaweb.org/doi/pdfplus/10.1257/089533006776526139

Esther Duflo 當初寫的博士論文和建築有關，主題是在印尼興建小學，她關心發展中國家的教育水平低，想到如在偏遠地方建多些小學，是否能提高知識水平？2006 年她和 Abhijit Banerjee 寫了篇文章“Addressing absence”，這篇文章讓 Esther Duflo 一舉成名，這篇文章究竟是寫什麼呢？她在印尼的時候，研究在偏僻地方的小朋友為何教育程度如此低？最終發現不是因為沒有學校或不夠老師，而是老師根本沒有回到學校和班房，學生上學需步行兩個小時或以上，又要翻山越嶺，危機重重才能去到學校，但老師卻竟然失蹤沒有出現！

Esther Duflo 發現大部分這類學校只有一或兩位老師，卻沒有一個校長去督促及看管他們，所以老師經常按個人心情時間上學校，因此當地教育水平低並不是因為缺乏小學，而是老師缺席。她研究出一個方法，就是在班房後端，放一個黑色紙盒，對老師説那是個閉路電視。其實那不是真的閉路電視，因為學校根本沒有金錢資源去購買及維修，只是放個假的黑色紙盒充當。放了紙盒後，老師的出席率提高了，但過了一段時間老師知道真相，方法就失效。於是她想出另一種方法，就是將電話分給各班中一位同學，同學每天上學的時候和老師拍一張照片，用來證明那老師有到課堂去授課，變相就是要記下老師的出勤率。

她的解決方法看似簡單，卻令她聲名大噪，因為她看到在發展中國家老師的缺勤問題，影響教育質素。假設她不願意花時間在當地居住和生活，放棄了與當地人溝通接觸的機會，就不可能知道問題所在。因為你是個外來人，當地單位一定給最好的學校和老師來見你，沒有長期居住下來，是不可能發現這個問題存在。

諾貝爾經濟學獎近年來已很少頒給做這類工作的人，通常都是授予寫很多公式或推出很多經濟模型的學者。以上三位教授都不會做很多花巧模型（Fancy modelling），但他們卻讓其他人多了解在貧窮和發展中地區生活的人民狀況，因為他們願意花時間逗留在當地，認識居民。這是一個很好的提醒，這幾位經濟學家的研究實是值得讚譽。

當我們去關懷的時候，其實要付上一定的代價，可能要花很長時間，但能為自己，為他人和為社會帶來好處，就像這些經濟學者，可以因為這一類研究取得諾貝爾獎，不但使他們自己得益，還為當地人帶來好處，甚至對整個學術界研究方向也有所裨益，是一件有長遠貢獻的事情，之前付上的代價也是值得的。

3.6 總結

「關懷」的首要條件是要調整自己的思維模式，被關懷者才能得着益處和感受到被尊重，其實我們在全球化時代是命運共同體，實是有一種社會責任互相幫忙來維繫各人的生活；當中或會有挫折失敗的經驗，但只要肯撇開文化優越感，付出時間和愛去認識被關懷者，我們就能共創美好新世界。

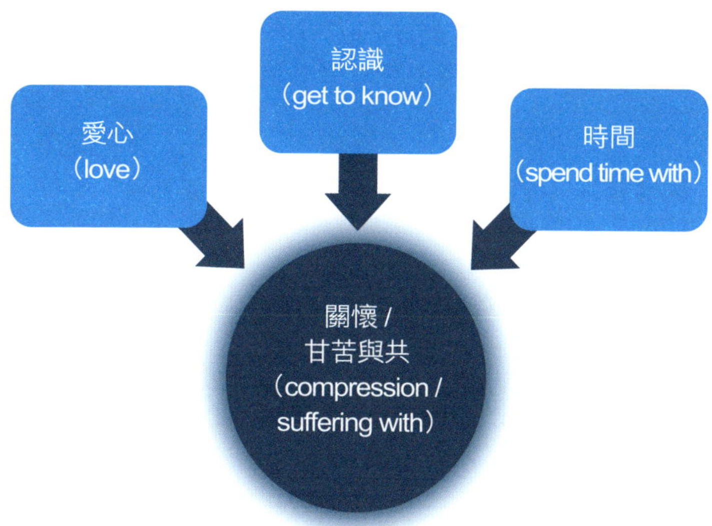

延伸思考

1. 關懷人和關懷事有何分別？

2. 可以關懷事而不關懷人嗎？

3. 關懷者可以純為自己做點善事，作為出發點嗎？

4. 被關懷者的感受重要嗎？

5. 被關懷者是否得到益處重要嗎？有可能幫倒忙嗎？

6. 關懷者是否需要付出代價？

7. 關懷與共患難有何不同？

8. 你過去有關懷別人的經驗嗎？請列舉一二。

9. 怎樣檢討關懷的項目，請選一項或多項：
   - 你怎樣將項目做好一點？
   - 是否要更改項目？
   - 是否要改變所屬單位 / 組織的大方向？
   - 我們的行為背後有什麼假設？

10. 關懷者對自己任何假設？關懷者對受關懷者又有何假設？

11. 你願意與被關懷者共患難嗎？

12. 以斯帖這聖經人物怎樣與民族共患難？可簡述。

Banerjee, Abhijit, and Duflo, Esther(2011). *Poor Economics: A Radical Rethinking of the Way to Fight Global Poverty*. N. Y.: PublicAffairs.

Banerjee, Abhijit, and Duflo, Esther(2006). Addressing absence. *Journal of Economic Perspectives, 20* (1), 117-132.

Corbett, Steve, and Fikkert, Brian(2012). *When Helping Hurts: How to Alleviate Poverty without Hurting the Poor And Yourself*. Illinois: Moody Publishers.

Saunders, S. G., and Borland, R.(2013). Marketing-driven philanthropy: The case of PlayPumps. *European Business Review, 25* (4), 321-335.

第四章 心理健康

Mental Health

擁有人生目標及意義的人，

心靈必然強健。

近年，香港人要面對不少心理健康問題，2020 年 5 月有一則由美國電視有線新聞網（CNN）的報道，標題為“Hong Kong's mental health had already been battered by the protests. Then came the coronavirus”，報道提到社會動盪不安加上疫情困擾都打擊了香港人的心理質素。此外，還有其他香港人的精神健康調查：

https://edition.cnn.com/2020/05/04/asia/hong-kong-mental-health-coronavirus-intl-hnk/index.html

- 2019 年 1 月，管理顧問公司 Oliver Wyman 聯同 City Mental Health Alliance Hong Kong 發表的數據顯示，大概有 23% 的香港在職人士出現精神健康或情緒健康等問題；其中有約六成的香港人説，工作會帶給他們某程度的壓力和焦慮。

- 2020 年 9 月上述機構再發表香港人在工作環境下的心理健康報告。大概 30% 的僱員在工作的時候，都會經歷過心理或精神健康困擾，而其中有約七成被訪者都會繼續上班。

為何如此？主要原因是人手不足、怕影響生計等。而公司又會有什麼支援？報告指出香港有三個缺欠（gap），就是知識差距（knowledge gap），穩定支援差距（firm support gap）和信任差距（trust gap）。

在知識差距方面，原來這些員工本身已有精神健康問題，但69% 受訪者說從未接受過這方面的教育和有關資訊，所以當情緒出現狀況的時候，不知道如何和同事、上司或者公司去說明處理。

至於穩定支援差距，就是只有 8% 受訪者認為僱主提供足夠的資源去關顧員工的身心健康。

最後一個是信任差距，有約 36% 的受訪者覺得自己信任同事，可以和同事或者上司分享自己面對的情緒和精神健康情況，換句話說，有 64% 的人不敢說出真相，如常上班，他們對於說出來感到驚慌、恐懼和羞恥，怕有標籤效應，擔心遭歧視。部分人本身意識不到精神健康可能已出現狀況；另有些想到人人都有工作壓力，人人都有失眠的時候，自己只是偶然胃口不佳，覺得沒什麼大不了，殊不知自己可能有醞釀中的情緒病。

- 除此以外，2020 年由 Mercer 發佈有關全球人才趨勢的研究報告顯示，超過 61% 的員工信任僱主，且認為公司重視他們的身心健康，而有 48% 的管理層會認為關懷僱員的身心健康是非常重要。不過即使互相信任和受公司管理層重視，實際上也出現其他問題，因為當説到落實執行時，只有 29% 人力資源部預備了一套可以實行心理健康或者健全人生的策略（well being strategy）。

今天生活在香港社會，我們的確是要面對不少心理健康壓力，市民普遍面臨一些集體抑鬱（collective depression）和集體焦慮（collective anxiety），現在多了人會這樣説，「理解不了現時太多轉變」，「不知為何發生這些事情」。**其實不少人經歷了一些創傷或者困難時，最想要是希望理解（make sense）或者找出當中意義，如果能找到隱含的道理，那我們會容易些去處理這個創傷、面對那個困難，反之就會加添我們的焦慮和抑鬱。**

有四方面的核心信念會對心理健康有幫助，分別是：面對現實、擁抱矛盾、創造空間、尋找暴風中的錨。

4.1 面對現實

身分危機可能是我們大多數人都要面對的真實問題，下面圖中的是什麼人物呢？ 他們是迪士尼卡通中的歹角，不錯，迪士尼卡通的好人和壞人是劃分得清清楚楚的。如果讓一個五歲小朋友看卡通片，他不會説這個是壞人，那個是好人，他只會分辨當中的人物做的事情是好是壞，現在孩子的世界觀其實已經很成熟，變得複雜豐富，亦貼近了現實環境。世上的確沒有一個人是百分百好人或壞人，只可說這個人做的事情很壞，另一人做的事是很好。

迪士尼的壞人
（圖片來源：https://popbee.com/lifestyle/movies/18-disney-villains-ranked/）

面對戰敗的現實——日本

但日本卡通片就截然不同，下頁左圖的卡通人物名叫什麼名字呢？是小飛俠或稱阿童木（Astro Boy），阿童木名字從英文 Atom 翻譯過來的，Atom 就是原子。小飛俠原來是粒原子彈！在二次大戰時，美國分別於 1945 年 8 月 6 日和 8 月 9 日在廣島和長崎投下了兩枚原子彈。小飛俠在 1951 年出世，那時日本剛剛經歷了戰敗的苦楚，日本人便開始面對這種好人與壞人的身分危機，自己國家是戰敗國，究竟我是忠還是奸呢？因為是奸，所以成為戰敗國，全世界見證了我們的失敗；如果我們是忠的，難道全世界都是奸？如何自處面對呢？就在那個時候，政府想推動原子能發電，但日本國民卻非常反感，他們心中有陰影，不喜歡原子能。當小飛俠出現的時候，其實代表了原子能的好處，只要大家喜歡小飛俠，那麼就不會太抗拒原子能了，這樣小飛俠很快便成了當時的和平大使。

王參燕編（2009）：《阿童木 Astro Boy》香港：新雅文化事業有限公司
（圖片來源：https://www.hkreadingcity.net/en/book/details/5774f3546a0b62c8098b5665）

哥斯拉（Godzilla）當年上映之海報
（圖片來源：https://www.wikiwand.com/zh-sg/%E5%93%A5%E6%96%AF%E6%8B%89%E7%B3%BB%E5%88%97）

同樣在五十年代日本，1954 年誕生了哥斯拉（Godzilla），哥斯拉本身因輻射污染而復活，所以對日本國民來說，對哥斯拉的驚恐象徵對原子彈的驚恐，一想到原子彈，毀滅性的破壞畫面就會在腦海中呈現。日本文化比較壓抑，很少會把情感直接宣之於口，反而要通過另一個符號（symbol）或者標誌（icon）象徵表達。哥斯拉初期會攻擊人類，但到了 60 至 70 年代，他卻忽然站在人類一方，和人類一起對抗要毀滅世界的力量，這真是非常神奇。若上網搜尋，仍然會有人問「哥斯拉是好還是壞？」其實日本人經歷過戰敗，心裏充滿矛盾，哥斯拉既代表了國民對原子彈的恐懼，同時亦代表原子能也會帶給他們好處。

日本動漫另一代表是機動戰士——高達（Gundam），這系列從1979 年開始，至今超過 40 年，為何高達會如此出名呢？因為高達之前的機械人動漫全部都是比較簡單的二元化世界觀，直至高達系列的出現，這個系列內容包含了對國家、對戰爭、對人性的複雜深刻描寫。當人們觀看高達的系列，會發現有些內容是說主角為國家而戰；而看下一個系列，這些主角就變成了攻打其他國家的軍隊。令人思想究竟我是為了自己國家而戰，還是針對其他國家。到底他們是忠還是奸呢？

《機動戰士高達》
（圖片來源：https://tw.gundam.info/）

平成年代幪面超人（Kamen Rider）
（圖片來源：https://wmoov.com/movie/post/43668）

上頁右圖是有關幪面超人（Kamen Rider），「幪面超人平成Generation」這個敍述，就可知道這部動漫包含多個幪面超人。幪面超人誕生在 1971 年，到了平成年代，有一集甚至出現了 26 個幪面超人，當中有些幪面超人會互相攻擊，非常不可思議。那麼幪面超人到底是忠還是奸呢？這種狀況在美國的卡通片裏是很少見到的，你不會見到有 26 個 supermen，spidermen 或 batmen 互鬥，這可能暗示了日本人看待自己充滿着矛盾的心理，有時覺得自己傑出優良，有時又會覺得自己很低劣差勁，連他們的動漫英雄也會亦正亦邪，搞不清當中位置。

日本人雖經歷了這種身分危機，但他們始終要面對戰敗的事實，所以逐漸將對錯善惡的事情看得比較立體，比較多面，比較模稜兩可，不會一刀切，形成了一種道德含糊（morally ambiguous）的民族觀念。並將“Are we the hero or are we the villain（混蛋）？”這個問題的矛盾心態反映在其文學、電影及動漫世界中，意外地成為一種獨特的文化軟實力。

面對歷史的現實——香港

香港由八十年代開始便經歷着一個身分危機的探索，那時已經有很多研究報告描述這個現象：後殖民（post-colonization）、解殖 (decolonization) 和再殖（re-colonization），有些人就會疑惑香港已不再是英國殖民統治，是在解殖嗎？殖民地身分對香港人來説有些什麼意義呢？我們如何看待自己的殖民地身分呢？在 80 和 90 年代，大家都覺得香港是個國際大都會，以香港人、中國人，甚至世界公民身分為榮，中西兩面都能互相合作，互相理解。

但漸漸情況開始變化，有些進退失據及受到威脅（dislocation and threat）的心態湧現。隨着經濟轉型，內地的經濟增長比香港快；還有大量內地人移居香港，香港人開始覺得自己被忽略、被邊緣化（marginalization），通常身分危機出現是源自於邊緣化，當你感到自己失去社會地位的威脅時，就會產生這種身分危機。香港人對自己的身分看法開始變得愈來愈狹窄，從前很多人會同時以身為中國人和香港人為榮，兩種身分是相輔相成的；但不知不覺地心中起了變化，如果覺得自己是香港人就不是中國人了，反之就不是香港人。

其實我們的身分又豈止一個，每個人都有多重身分（multiple identities）或者混合身分（mix of identities），我們不可以離開自己的本土空間（local spatial），這刻住在觀塘，我們便是觀塘人，住在香港就是香港人；民族上（ethnic）我們都是華人，有獨特的文化和血統；在國籍上（national）我們都是中國籍，我們的國民身分是中國人；與全世界人一樣都是地球村的一份子，是一個世界公民（global citizen）。這幾個身分之間未必是互相矛盾，但有時卻會出現張力，那就要考驗你如何去面對這些張力。要解決問題，首要就是要接受，接受自己是擁有多重身分的人，同時屬於某一個地方，某一個國家，某一個領域，某一種關係。第二就是學習怎樣去面對這些矛盾，就像上文提及日本經歷了五六十年代的掙扎，開始懂得承認自己既是忠，又是奸，自己國家很美好，但又有黑暗的一面，當大家經歷過這種反差的心理關口後，就會坦然自若。

面對從前殖民地時代的港英統治，當中是會有一些美好光景，也會發現陰暗的問題；回歸中國後，我們在特區政府和中國共產黨的統治下，同樣會出現以上情況，兩者是同時並存的。正如一句話：**"We've all got both light and dark inside of us. What matters is the part we choose to act on, that's who we really are."(「我們同時都擁有光明和黑暗兩面，最重要是我們去選擇活出哪方面的自己，這才是真正的我們」)**，原文出自「哈利波特」(Harry Potter) 系列故事的人物天狼星 (Sirius Black)。

當我們學習面對集體焦慮 (collective anxiety)，面對身分危機的疑惑時，要儘量外在化或轉換它，像日本人通過創作文學、電影、動漫和其他藝術顯露出來。香港在 2002 年上演的《無間道》就是其中一例，這套電影之所以成功，是因為説出了許多香港人的掙扎，不單是好人和壞人之間的矛盾，在黑社會和警察衝突張力之間，其實還包含當時香港身處在英國和中國狹縫之間，在西方文化影響和中國勢力開始滲入之間，我們可以通過這些故事演説模式（story telling narrative）去聽不同人的心聲，明白不同人的內心糾結，從而梳理自己內心的迷惘。

4.2 擁抱矛盾

人當然希望自己能夠活出光明的面貌，和其他人相處時，亦希望因了解自己和別人的陰暗思維，明白共同活出光輝性格的重要，這個就是擁抱矛盾（embrace paradox）的真諦。

在此先分享一個數學家的故事，在古希臘，有一個數學家叫做畢達哥拉斯（Pythagoras），他説萬物皆數，世界所有的數字只有兩種，一種是整數（integer），另一種是分數（fraction）。如果當時有人形容這個世界有其他的數字，又不是整數，又不是分數的話，他會覺得你是在搬弄是非，顛倒黑白，講一些離經叛道的事，是異端分子，務要剷除。當時有另一數學家，叫做希伯索斯（Hippasus），曾是畢達哥拉斯的門生，他説這個世界不只有整數和分數，有一個數叫做無理數（irrational number），圓周率（π）便屬於這種數，圓周率在小數點後無窮無盡、沒有循環的。畢達哥拉斯流派認為希伯索斯這個人簡直是妖言惑眾，相傳希伯索斯被捉拿，並拋落愛琴海，葬身大海之中。畢達哥拉斯雖然是數學家，本來具備理性分析，但現實的他卻並不理性，要除滅和他抱持不同世界觀的異見人士。

保羅的新舊信仰世界

要探討擁抱矛盾的哲學，就要談到一位聖經人物——保羅。保羅亦有類似經歷，他就是在舊有世界觀和新的世界觀之罅縫中生活。保羅本是個法利賽人，法利賽人是當時猶太教的宗教領袖，他們系出名師，自小受着很嚴謹的教導，而且成績往往優異突出，是天子門生。他們認定自己的世界觀是絕對正確，不容受到挑戰，保羅自然覺得捍衛自己的價值是理所當然的。而當時有一班人，叫做「基督徒」，說了些違反他們世界觀的論點。法利賽人深信耶穌基督不可能是救世主（基督名字的意思是救世主），他們相信未來的救世主必然有能力拯救以色列整個民族，建立偉大王國。而救世主本身應是一個很顯赫，很有榮耀的人，是不會像耶穌一樣被人詆毀誣衊的，所以耶穌根本罪大惡極，才會被判釘在十字架這種最殘酷的刑罰上。因此當基督徒宣傳耶穌是基督、是救世主的時候，保羅就覺得絕頂荒謬，也因為基督徒的言論觀點違反了他對現有世界的理解，於是他就像數學家畢達哥拉斯一樣，要剷除異己，挨門逐户搜查盤問去搜捕這班基督徒，一有發現就會拉他們去坐牢，他甚至贊成殺死信耶穌的人。

但在一次搜捕追殺基督徒的行動中，他在途上突然聽見耶穌從天上發出聲音，耶穌對他說話：「保羅，保羅，你為何要逼迫我？」當刻對保羅來說非常震撼，他一向認為耶穌已經死了，所以不可能再聽見祂的聲音。他一直逼迫基督徒，就是因為他們說耶穌是救世主，現在耶穌竟然出現在他面前，即是說耶穌是復活的救世主，是事實來的，那就表示他從前認定最嚴謹的教導，最積極熱心的緝捕行為，原來是不正確兼且非常殘酷。十字架反之變成了最榮耀的象徵，他當時真的被顛覆了，所以他非常掙扎，如何去告訴其他人以往的世界觀是錯，而新的世界觀才是對呢。所以當他去到不同的地方向人說耶穌真是基督時，令他處於一個兩難的局面，曾被他追殺的基督徒會懷疑保羅突然間改為認同耶穌基督，一定是奸細，背後藏着陰謀，想迫害更多人；至於他舊有的法利賽人同伴，就感到被背叛，所以反過來一定要殺害保羅。結果，保羅身在兩面不是人的境況中。

保羅及後建立了不同教會，在這個過程當中，他曾飽嘗牢獄之苦，並在監中有一番自白：「弟兄們，我不是以為自己已經得着了，我只有一件事，就是忘記背後，努力面前的，向着標竿直跑，要得神在基督耶穌裏從上面召我來得的獎賞。」(《聖經．腓立比書》3:13-14)

忘記背後：忘記曾經認為是真理的事

努力面前：去重新認識這個新的世界觀是怎麼一回事

所以當人發現事實與他舊有世界觀不同時，就要承認以前的理解和行為是錯誤的，肯定現實世界是有新的可能性。

當一個人認為這個社會只有既定人生觀、價值觀和世界觀時，便是非常危險的時候，一旦別人所說的見解不同，就會有唯我獨尊心態，甚至妖魔化對方的意見，做出傷害人的行為，錯誤的觀念驅使他們只顧捍衛自己的地位和權利。畢達哥拉斯和初期的保羅便是好例子，這些被認為很理性和聰明的人，卻做了非常極端的行為。若時光可以倒流，保羅一開始時就發現這個社會原來是既弔詭又立體，認同世界是充滿多樣性，情況可能就不一樣了；他或會有寬廣具彈性的思維去聆聽不同意見，容納迥異想法。一方面對自己的世界觀有信心，另一方面亦透過對話去釐清當中的盲點，這就是擁抱矛盾的意義，多元合一，建立自己，成就他人，個人心理素質亦自然會有所提升。

4.3 創造空間

除了面對現實和擁抱矛盾，也需要為自己創造空間。下圖中的曲線就是我們平時面對壓力時的正常反應，時高時低。當應付得宜的時候，便會覺得像中間位置一樣輕鬆快樂。如果應付不了時，就會激動、憤怒、焦慮或者恐懼憂傷，想設法躲藏起來，我們稱呼那兩條橫線之間為容差範圍（window of tolerance）。每個人的容差範圍都不同的，因為各人能夠承受壓力的程度都不一樣，如果有壓力危機湧現了，超過這個容差範圍，我們就可能會出現一些心理健康問題。當然這個容差範圍也會受外在環境因素影響，例如過去數年香港社會發生的情況，會令個人的容差範圍縮窄，平常工作壓力去到這裏是沒有問題的，能應付自如；現在卻因外在因素影響超出了負荷，變得不能處理事情。**當承受不了的時候，就要學習如何去創造更多空間。**

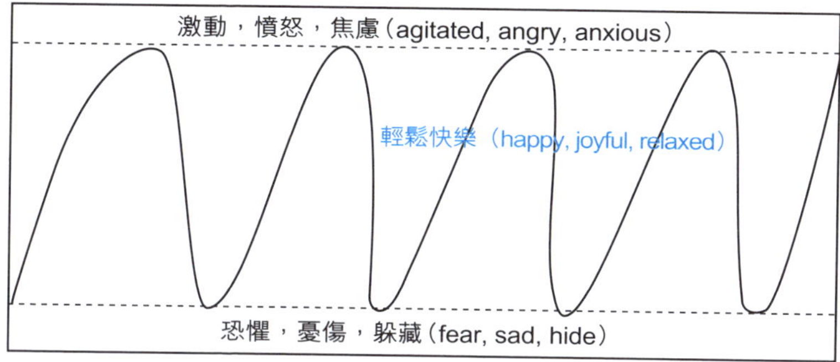

面對壓力的正常反應

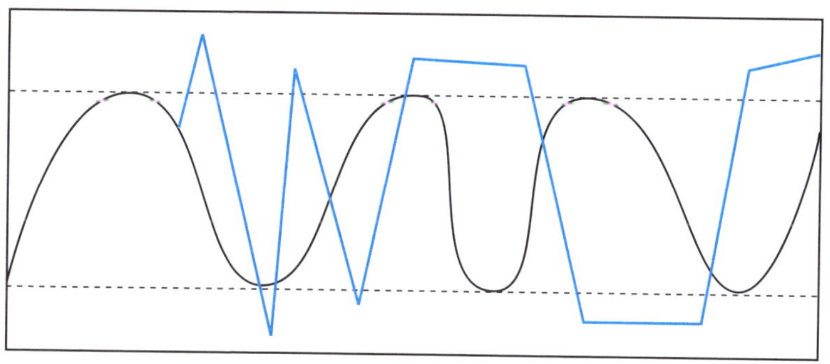

壓力超出容差範圍

現實中有三種空間是可以創造的：第一種是「掙扎空間」（struggling space），還有「安全空間」（safe space）和「加力空間」（strengthening space）。但有時條件不許可，工作和生活慢慢便將我們變成一台台的生產機器，唯有暫時將情感壓抑，不去想它，繼續忙碌。但我們始終不是機器，所以這三個空間和時間應該都不是有情緒問題才需要的，而是每個人平常都要休息冷靜，要變得更加像「人」。當然人人處境不同，自己也要想想最需要是哪一類型的空間？大眾若有一個創造空間的文化，對社會的整體精神健康一定會有幫助。

三個空間

掙扎空間

通常一個人面對壓力、面對危機的時候，開始意識到自己可能在情緒或者身心上出現問題，但又未確定是什麼問題，這就是處身掙扎空間中，必須給自己時間去留意自身的徵狀。以抑鬱症為例，初期或有五個徵狀：第一個是性格轉變（personality change）；第二就是容易激動（agitation）；第三就是開始逃避（withdrawal），不想接觸其他人；第四就是不理儀容（a decline in personal care），好像不去洗澡、剪頭髮、剃鬚；第五就是有絕望感（hopelessness）。有些徵狀可能自己察覺不到，這就要身邊人幫忙和留意，稱之為犯顏直諫（confrontation），由周遭人指出以上狀況。然後想辦法幫助患者在工作上、時間管理上，或者是社交層面關係上訂立一些界限，這些界線能有助患者妥當處理日常活動，使他們仍然可以正常吃喝睡覺或工作等。如果公司員工能一起學習精神健康詞彙（mental health language）及知識，建立説真話文化（culture of truth），或會及早發現員工精神健康問題。

安全空間

掙扎空間之後，我們要尋找安全空間。安全空間的意思是要停下來休息，甚至躲避隱藏一下，為自己創造休憩文化（culture of rest），這樣才能有時間和機會容許自己去面對生活中的哀傷或失去的情感。當我們面對壓力、面對危機時，第一時間會自我保護，另一反應就是否認，認為事情不會發生在自己身上。安全空間就是給自己有時間去正視困難，慢慢去釐清經歷着的事情，感受自己或許是失望、或許是憤怒、或許是抑鬱，總之要不再逃避。若公司機構能為團隊提供休息和安全的空間及假期，有助梳理心理情緒上的鬱結。

加力空間

這個空間讓你可以整頓自己去重新定位人生，再次找回方向，安排如何整裝待發，為未來的行動打氣。加力空間其實真的很需要社羣支援和協助，陪着我們走過這段艱難時期。所謂當局者迷，人困在自己思緒裏面時，根本很難看到有什麼新的方向，需要旁人告知他、鼓勵他，幫忙他建立及釐清目標，這就是所說的目標為本文化（culture of purpose）。

以上是理論，如何去創造這三種的空間，可以以一家企業例子說明：

Freeset Global 的故事

Freeset - in business for freedom
https://www.youtube.com/watch?v=KSX3y2mqTh4

有間公司名叫 Freeset，是一間使命企業（business as mission），即是百分百企業之餘也擁有百分百使命感，這間公司位於印度加爾各答（Kolkata），他們主要是製作衣服和飾物，再賣給當地人，希望藉此幫助當地一些被人拐賣的女士離開被販賣的地方後，可以覓得工作來養活自己及家人，所以該公司的企業宣言是為自由而戰（in business for freedom）。雖然這確是一門生意，但它亦是要為女性帶來自由。在加爾各答有一個叫做 Sonagachi 的紅燈區，規模是亞洲數一數二，那裏大概有 14,000 位性工作者，她們大部分都是貧窮人，居無定所，甚至要睡在路上。在紅燈區外面，就會有些男士做一些手作如紙紮公仔或紙紮神明，然後售賣給當地印度教徒，這就是紅燈區內外的經濟狀況。而 Freeset Global 這間公司就位處於紅燈區中，是一間樓高五層的工廠，雇用了大概二百多位女士，這些人都是從性工作者轉為在這間工廠工作。

這些女士經歷過人口販賣，留下很大的創傷，每一個都有嚴重的心理健康問題和抑鬱症。例如有個二十多歲的女士，她因為大腦受創，使得她的心智和情商只有六歲小孩的程度。有一次，她身邊有一個十多個月大的嬰孩，當時那嬰孩在玩耍，把一個小球放在圓形洞裏，又將一個方形積木放在正方形的洞內，那嬰孩能做到，但那位女士卻做不到，可想而知那個創傷痛苦深深地影響她的基本生活。但 Freeset 沒有放棄這羣女士，這間公司提供了一個**掙扎空間**給她們，在她們來到工廠的首三個月，會為他們準備一些簡單訓練，半日教縫紉，半日安排輔導和心理支援。事實上教她們縫紉並不容易，因為起初她們手腳並不協調，連縫一條直線也不能做到。有一位女士剛剛學習用衣車，經理要跪在她的旁邊，用兩手捧着她雙腳，幫助她把腳放在踏板上，一步步教她使用縫紉機。Freeset 就是這樣給她們一個空間，一個機會，努力學習新技能，掙扎擺脱過去的生活。

另外不快的經歷也使她們要靠酒精去麻醉自己，所以初期她們需要戒酒及慢慢調理身體，而 Freeset 提供了**安全空間**給她們正視心靈上的困難，公司一方面願意與她們同行，但另一方面亦有嚴格要求，發現喝酒便不可以上班，如果連續醉酒三天就要停工兩星期。這也是融合羣體的一種學習，她們要明白離開過去生活必須下定決心，付出努力，其行為表現亦會直接對公司、其他員工和上司造成影響。

Freeset 不是社福機構，它是一家企業，其產品要高質兼且具備市場競爭力。在公司網店或實體店（https://joyya.com/en-row），顧客未必知道這間公司背後的理念和故事，顧客付款購買旗下產品，不是因為同情這班女士而去捐助她們，而是因為他們的產品優質，有足夠的市場競爭力。這對當中的員工有很重大意義，因為她們不需要別人的可憐，她們需要的是重拾做人的尊嚴，用雙手和努力去賺取金錢養活自己及家人。譬如一個袋，帶子的布料是來自她們穿的衣服 Shary，她們把舊的 Shary 廢物再造，製作出一個新袋。為何公司不用新的布料？新的布料可能比回收的布更便宜和方便。但對於那些女士來説，用舊布卻是意義重大，這些布料幾乎成為垃圾遭到拋棄；就好像 Freeset 員工，從前社會放棄她們，甚至她們自己也想放棄人生，如垃圾般污穢，沒有價值，被人遺忘。但現在她們透過自己的雙手，將一些舊布碎化身成為漂亮的袋子，而完工後又有顧客願意付款購買，她們稱這些工作為“make beauty out of ashes”（在塵垢中締造美麗）。她們看自己的生命也是如此，曾經認為自己是泥塵污垢，現在卻成為美麗斑斕的個體，重拾尊嚴，重拾方向，這就是**加力空間**的意思。

公司每天早上都會把二百多位女士聚集一起，彼此學習，同心祈禱分享，是個很好的羣體活動。工廠選擇在 Sonagachi 附近地區建立，希望為一個原本黑暗的地方帶來光明，當初亦有人質疑 Freeset 把工廠設在紅燈區旁，很多女士會再被引誘，重操故業。但問的人都不甚了解，她們當初是被迫販賣到這裏來，根本不可能會再被引誘重操故業。試想像僱員們每天上班下班都可能要經過這個紅燈區，必受很多異樣的目光和言語騷擾，日復一日，年復一年的折磨，確實不是一件容易的事，但卻是一種磨練。所以這間公司不純粹是一家企業，更是個理想社會的縮影，顧及各人心理健康的同時，亦願意與她們休戚共濟，互相支持，携手同行。

轉弱為強

這些個案和我們有什麼關係呢？和香港生活的環境又如何扣連？當中確實有些東西是我們可以借鏡的，一家企業既可賺錢謀利，擁有市場競爭力，但同時也可具備使命感。或許偶爾會遇到困難，產生張力，假設有個員工，他可能間中會宿醉未醒，不能回來工作，這樣該如何對待他，給予幫助呢？既然選擇在這個社區社羣工作服務，就需要多些了解他背後的原因，扶持幫助，若公司有全人發展的觀念，看待一個人時，就會將他的福祉、身體、心靈、健康、情緒、精神全部視為一體，好好對待，那個員工才會有歸屬感，才會有重生的機會。

我們平常可以請病假，但若想請精神病假，便會覺得難於啟齒，亦擔心老闆會標籤自己。如公司可以開明一些，加入精神健康日，同事便不用給醫生紙也可請病假。因你的精神健康和你的健全性（well being）對公司很重要，公司願意用這種方式與你同行，顧及你的尊嚴，高舉人不是生產機器、不是賺錢工具、亦不是個商品項目的理念，公司與員工不是付多少薪金就做多少工作的一種買賣關係。

另外我們可以從個案學習到怎樣轉弱為強，對一些人來說，這些印度婦女是弱者，她們的腦部可能受損傷，身體協調不是那麼好。但同時你也會見到她們有很多優點，是很有逆境韌力的人。在那個惡劣環境中能生存下來，仍然可以上班工作，其實是要有非常大的勇氣，她們對生命的追求，對新生活的熱切盼望，對公司的忠誠度，對身邊同事的委身付出，各方面都可能比其他人更加強大。這些就是我們所說「從軟弱中看見力量，在塵垢中締造美麗」（find strength from weakness, make beauty out of ashes）的意義。

4.4 尋找暴風中的錨

在新冠病毒疫症肆虐的時候，很多美國人都覺得自己好像失去了生命的錨（un-anchor）。當船隻遇上暴風雨時，要拋錨入海才不至隨風飄流，un-anchor 就是生命中失去一個穩妥的中心點，以致自己像一個斷線風箏隨風而蕩。研究發現，當時美國瀰漫着一種集體焦慮（collective anxiety），從前以為自己生活穩妥，卻發現原來生命如此脆弱，不堪一擊；一直認為可靠的事物，鮮明的目標，高質的生活，現今看來不是很中用了。有人類學家留意到在美國文化裏，很多人將生命和三個錨串連一起，它們就是：死亡（mortality）、金錢（money）和害怕失去（Fear of missing out, FOMO）。

人生三錨

死亡

其實大多數人都害怕死亡，害怕年紀老去，喜歡年青及活力，希望靠外在力量換取永續生產力，故此社會上才會有化妝品，抗老化、抗皺紋的產品出售。可悲的是社會看一個人的價值只在於他的生產力，僱主只想聘請一些有強勁生產力的人。在疫症初期，很多人無法回公司上班，但仍然可以在家五天工作，非常有辦事能力（productive）。但後來經濟不好被裁員，可能只找到一星期做兩天的工作，就會覺得自己失去生產力（non-productive），那就開始情緒抑鬱。感覺上，以往很有意思，每天都能工作，每天都能有新產品；但現在卻無能為力，開始發覺原來生產力是一個很重要的錨，一旦失去這個錨，生命開始變得空虛，不知所措。再嚴重的狀況是，他們會對自己的價值心存懷疑，輕看自己。要是失業了兩個月，這兩個月就好像變得沒有用，沒有意義了。如果我的生命、我的人生是完全沒有生產力的話，那我的生命就變得毫無價值了。

金錢

美國人的期望其實不都是金錢，而是一種消費文化（consumption culture），這是物質豐富社會常見的現象。消費常被認為是人類進步（human progress）或者人類發展（human development）的指標，意思是什麼呢？在西方文化裏面，人對時間的觀念就是所有東西都要不斷進步，社會要進步，學業要進步，工作能力和經驗都要不斷進步，是一個進步文化，追求發展里程。為何疫症會帶來那麼多焦慮呢？就是人們忽然發現，原來世界不是照着過去認知的一套運行。以前的世界觀和經歷敍事，不是相信人可以不斷進步，不斷追求更豐富的物質生活嗎？內裏隱含着一種價值觀：我不是特別想要某樣事物，而是因為這些事物代表着我的成功。然而當看到世界在疫情期間不是這樣，人類的發展、個人的生命、公司或社會制度、經濟模式，原來會停止運行，從前的世界觀和經驗不是絕對正確時，就會不知所措，引發更多焦慮和不安。其實從來沒有人認為人生目標應是不斷換樓換車，人要在生活上不斷前進，只是身邊人人如是，我們便會覺得這是個必然的社會模式。

害怕失去

這可能是很多人的經歷，就是疑惑為何同事或朋友去吃飯喝酒沒有邀請我呢？這是怕失去機會的心境。關心的不是那杯酒，而是覺得人們沒有通知我，懷疑他們如何看待我，懷疑我在同事和朋友心目中的存在價值。又如上文提及的金錢文化，說的不單止是購物，還包含了一種購物經驗（consumption of experience），一種消費的經歷和活動。故此有人吃飯時，第一時間是要影相打卡，這現象不是消費食物，而是消費經驗。為何要影相打卡，然後又上傳到社交網站？這其實是人類真實性的嘗試（attempts at authenticity），證明自己的存在價值，還未在世界上消失，很想運用自身的能力，通過某些活動，完成想做的事情，向外表明一個真我形象。

但因疫症蔓延，我們一定要留在家裏，不能與朋友相見，每天在家裏只穿着睡衣，頹廢度日，便感到沒有什麼活動、經歷、體驗去表達自己，欠缺話題可以在社交媒體發帖，頓時便感到沒有了「錨」，因為一路以來，我們就是用這法子去表達證明自己。又因為疫情封關，放假不能去旅行，其實以往旅行並非為了享受那地方，只是想到在那裏拍照，用最佳角度取得美景再放上社交網站，以此炫耀我到過。現在沒法外遊，就感到若有所失。此種種變化皆好像逼令人要真實面對自己，重新思考自己的價值。

這個疫症從另一角度看是有好處的，平時有些事情我們不會花時間去思想，不會去考量永恆地追求着生產力是否有問題，究竟無止境地追求不斷進步、力爭上游、老爺車變新型跑車、平房換豪宅是否值得？利用拍照紀錄去證明自己的存在又是否沒有問題？**現在是時候要尋索真實的自己，重新去詢問：對我來說，什麼才是最重要？何謂人生目標？何謂生命意義？**

4.5 意義輔導治療（Logotherapy）

集中營的領悟

有一個奧地利神經學家和精神病學家，名叫維克多．弗蘭克（Viktor Frankl），他經歷過德軍屠殺猶太人時期，關在納粹軍的集中營三年，最終仍然生存下來。其最知名的著作就是《活出意義來：從集中營說到存在主義》（*Man Search for Meaning: Introduction to Logotherapy*），1991 年，美國國會圖書館選出這本書為十大啟發書籍（most influential books）的其中之一。

（圖片來源：光啟文化事業）

書中最著名的就是發展了意義輔導治療（Logotherapy），logo即是意義的意思，所以 Logotherapy 其實代表治療是靠有意義才能奏效（healing through meaning），「意義治療」究竟是什麼？這是他自己在納粹集中營時候領悟到的道理。1942 年的他只有 37 歲，和家人、新婚太太一起關在集中營，但卻不能和家人及太太見面，那他如何才能使自己有動力繼續生存下去？他的盼望又是什麼？ 他描述關在集中營時，大部分人都很冷漠，因為人人自危，每一個人都只想保護自己。但當中仍有一小撮人，願意將自己僅餘的食物轉讓給其他人，儘管當時集中營有很多人會餓死，不過因為有這樣無私的人；使他意識到，雖然人擁有的東西可以全部都被剝奪取走，但唯一一樣寶貝是不會給人搶去的，就是內在的自由精神，他就叫這種是人類的終極自由。意思就是說，即使進入了這個集中營，你可以拿走我的一切，你卻不能控制我思想中的生命意義，那幾位願意將食物分享給其他人的奉獻者，就是藉着這些經歷，去鍛煉自己對生命的意義，對生命的盼望，亦鍛煉自己如何去看堅忍、如何去看無私的付出、如何去看積極面對困難的生命韌力。意義治療便是助你找到事情當中的意義，當中包含三種元素：

定義意義

每個人最大的生命推動力，就是追求意義。當時同期有兩位出名的心理學家，就是 Sigmund Freud 和 Alfred Adler。Freud 覺得人最大的推動力是追求快樂（pleasure），而 Adler 覺得人最大的推動力是去追求權力（power）。但 Viktor Frankl 說這樣不對，人最大的推動力是追求意義。他覺得生命裏所有的東西都有意義，無論何時何地，好或不好，都有其當中意義。

尋找意義

意義是因人而異，因時而異，所以每個人要做的事情就是要尋找，尋找個人生命中在某一個時間，某一個地方的某一個意義，這才是最重要。 只是空談生命有意義是沒有用的，所以人要學懂面對自己，在人生中去找出當下處境中的意義，例如在 2021 年的具體時間、具體地方、具體的使命環境下所埋下之具體意義。

意志自由

自由是非常重要的，社會可以剝奪我生理上所有自由，但不可以拿走我意志上的自由，例如面對苦難的時候，你選擇的態度是什麼呢？別人管不了我用怎麼樣的態度去面對這些苦難。

價值追尋

既然意義是這樣重要，我們可以從以下幾方面去追尋：

第一方面叫做**創造的價值**（creative values），就是通過你的行為、工作、活動、嗜好去創造，做一些對社會及世界有貢獻和有改變的事情。這是創造的意義，通過這些價值，有助自己找到生命的意義。

第二就是**經驗的價值**（experiential values），通過體驗一些事情，經歷當中之真善美，或許是看一幅很漂亮的圖畫，很獨特的藝術品，可能是遠足見到很美麗的大自然，這種種的體會都已經有一種經驗的價值。又或許是一些情感，例如與人相戀、經歷愛情的甜蜜，和一個好朋友談天說地三個小時，經歷友誼相交的可貴，這種種也幫助我們從經歷中覓得意義。

第三是**態度的價值**（attitudinal values），這就是當你沒有自由去選擇任何事情，遇到逃避不了的困難時，你仍然可以選擇用什麼態度去面對，面對的態度本身已經是一種價值了，可以帶給你新的人生意義。Viktor Frankl 舉了個例子，曾經有人找他，那人的太太剛剛過世，經歷着喪妻之痛，很是辛苦，悲傷欲絕，問 Viktor 該怎麼辦？Viktor 問他，假使他比太太先死去，太太會怎樣呢？他説她一定會傷心，Viktor 説這可能就是你悲痛的意義，你知道如果你去世，你太太會傷心，所以現在是你的悲痛代替了你太太的悲痛；換一個角度來説，這就變作一個犧牲的價值和意義，事情雖是沒有改變，但是取態就變成不同了。而 Viktor 覺得，這個態度的不同又帶來了一種生命的意義，對於這位喪妻的丈夫來説，他承擔了太太的難過，本身就經歷了傷心帶來的意義。Victor 有一句名言 **"Everything can be taken from a man but one thing: the last of the human freedoms-to choose one's attitude in any given set of circumstances, to choose one's own way."（「人的一切可全被奪走，但有一樣東西是自由的，就是選擇面對事情的態度和方法」）。**

可以想像，Viktor 就是靠着這種意志在集中營中生存下來，1945 年他被美軍救出來，在這三年他在不知家人的生死情況下，令他保持盼望；雖然最終得悉太太、父親及母親全部都死了，但他選擇去記念太太及家人，放在回憶入面，這就是 choose one's attitude（選擇的態度）。

Viktor 找到暴風中的錨後之轉化

行為（behaviors）	用自身經驗去幫助人。
自動化思想（automatic thoughts）	Viktor 得自由後學會在所遇事情中尋找意義。
假設（assumptions）	假設家人存活或死去時的面對態度。
核心信念（core beliefs）	Viktor 在集中營選擇用正面態度去面對。

4.6 總結

一個心靈強健的人必須懂得面對現實，擁抱當中的矛盾，給自己空間去處理，並學習握緊暴風中的錨。緊記我們的盼望不是在於一個線性進程（linear progression），即取決於社會愈來愈穩定、經濟愈來愈繁榮、政局愈來愈清明，而是在於我們如何在當中尋找到意義和目標。

人生目標及意義可以共創，我們可用創造力去達致果效，在此用果效（fruitfulness）這個字而不用生產力（productivity），我們要問自己：我現在和家人可以共創什麼？我和公司同事及整個團隊想共創些什麼呢？最後可思考，我和香港或現在生活的地方想共創什麼呢？這就是目標及意義，想通了自然會帶來意想不到的果效，心靈也會變得不再一樣。

延伸思考

1. 全球心理抑鬱的人正在增加還是減少呢？

2. 你以為在發達國家的人心理較少抑鬱嗎？

3. 香港有 60% 的人經歷壓力和工作焦慮，為什麼？

4. 大部分人雖然有精神健康的問題，但仍然在工作，為什麼？

5. 當遇到精神壓力，你能面對現實嗎？

6. 你容讓自己有空間和時間去「掙扎」與為不愉快的事情「哀傷」嗎？

7. 你能擁抱矛盾的弔詭性嗎？

8. 你的人生在暴風雨中有錨嗎？

9. 哀傷有五個階段：否認、憤怒、抑鬱、討價還價、接受。你覺得哪個階段最容易被忽略？

10. 命名的力量很大，你會認為自己的哀傷是（請選擇一項）：

- 別人的錯失
- 自己的錯失
- 環境的影響
- 沒有原因
- 其他原因

11. 在哀傷之中，你會主動尋求幫助嗎？

12. 什麼是掙扎空間？安全空間？和加力空間？

13. 保羅這個聖經人物，發現前半生一直在作惡事，他怎樣面對這個打擊與哀傷？

City Mental Health Alliance Hong Kong & Oliver Wyman (2019). *The cost of mental ill health for employers in Hong Kong*. Retrieved from: https://www.oliverwyman.com/content/dam/oliver-wyman/v2/publications/2019/January/the-cost-of-mental-ill-health-for-employers-in-hk.pdf

City Mental Health Alliance Hong Kong & Oliver Wyman (2020). *1 in 4 Hong Kong employees experienced mental health issues in past year*. Retrieved from: https://www.oliverwyman.com/media-center/2020/sep/mental-health-and-wellbeing-in-the-workplace-survey.html

Frankl, Viktor E. (1992). *Man's Search for Meaning: An Introduction to Logotherapy*. 4th ed. Boston: Beacon Press.

Mercer (2020). COVID-19 crisis is turning point for employee mental health in Asia. Retrieved from: https://www.mercer.com.hk/newsroom/covid-19-crisis-is-turning-point-for-employee-mental-health-in-asia.html

第五章 創意

Creativty

創意不單單是一種技巧，

而是一種素質，是一種品格。

中國文字本身是很有創意的，「一」字加上「人」字，答案可以是「大」字，「大」字加一點就變成「太」或「犬」字，視乎那一點加在什麼位置。這是中國字的「完形效益」（Gestalt effect）功能。完形德文是 Gestalt，常被解釋為「整體大於個體的總和」（The whole is bigger than the sum of the parts and different from the parts），即是説一加一大過二。「太」或「犬」雖是同樣加一點，字義卻不同，整個性質可以完全改變。這就是「完形效益」。

曾參加過一個婚姻輔導營，整個營會目的是指導夫婦如何表達自己的情緒，藉此減低婚姻破裂的危機。可見人有情感需要時就要表達，粗口就是透過語言文字表達的創意例子，當然粗口本身是隱含傷害性的。許多人説粗口是因為他們自覺所説的話沒有力量，而本身的詞彙也不夠豐富，漸漸發展出粗口文化。不過人在憤怒時用一些粗口甚至非人化的名字去稱呼對方，情況就會弄得危險複雜。納粹德國期間，猶太人被稱為寄生蟲（Jewish parasites），定性為非我族類，將他們的價值貶低，很多戰爭和殺戮的開始便是先將敵人「非人化」（de-humanize）。由此可知命名（naming）的果效可大可小，壞的創作會帶來很多傷害。**然而好的創意會使人變得更有力量，可以闖出一片天**，這不僅適用於個體、機構和城市，還可在國際關係上發揮作用，正如歷史上周恩來總理的乒乓外交，就是既高明也充滿創意，故此創意是一項非常重要的品格。

思考問題

1. 小時候比長大後是否更有創意？
2. 我們這一代的可能性更多，創意更多；還是我們祖先在有限的空間，有限的資源下，更加需要有創意呢？
3. 創意需要有技術來補足或展示的嗎？
4. 是否要具備功能性，要達成某些目的，才稱為創意？
5. 與團隊合作相比，單獨工作時更容易發揮創意嗎？
6. 我目前的工作或生活方式要求我有創意嗎？
7. 智商 IQ 和創意是成正比的嗎？
8. 教育和創意是成正比的嗎？
9. 公司哪個部門最需要有創意的人？

5.1 創意就是「看見」和「生活」

創意是看見當中的可能性（possibililties）和相關性（relationships），同時也是一種對生活的態度。

創意是一種「看見」

看見可能性

創意是無中生有，看見事物當中隱藏的潛質。左下圖有九點，可以在當中以橫線或直線連上，而畫法不只一種，很多人只會困在既有的框框中，重視一致性和功能性，凡事只希望零和博弈，你輸我贏。

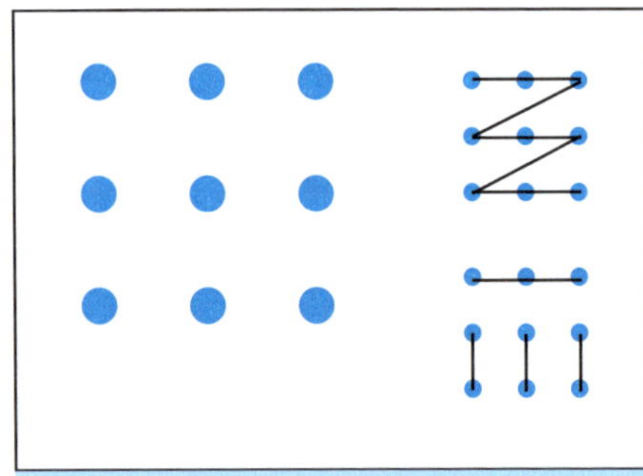

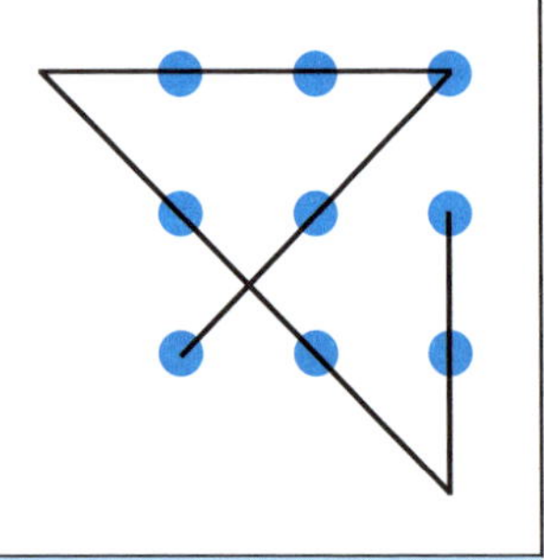

Nine dots puzzle
（圖片來源：Mastering the information age: solving problems with visual analytics – http://diglib.eg.org/handle/10.2312/14803）

但總有一些人能不甘約束地跳出框架，如右圖般打破常規（think outside of the box），即是說他們的線不用侷限在那九點裏面，這種想法充滿歧義性和悖論思維，強調變和博弈，盼能達至更遠大之進步，即是說他們看見當中更多美好的可能性。

原來音樂上也可看見很多可能性，古典音樂（classical music）的樂譜其實是很有規律的，每一個音符精準到位，音頻大小，拍子數目都非常清晰，樂手一看便知道要如何演奏。但爵士樂（Jazz）卻是打破常規，喜歡以即興（impromptu）或是非同步（asynchronous）的方式合奏，同樣可奏出美妙樂章。作家 Max de Pree 寫了一本 *Leadership Jazz*，書中提到管理階層要像彈爵士音樂的樂手一樣，突破狹義的領袖及跟從者觀念，判斷何時要插手管理，又能和其他成員產生互動性。

除了音樂，有些藝術表演同樣有這種原理，舞台和後台之間有個位置稱為虎度門（proscenium arch），觀眾在台下觀看，和表演者保持着一段距離。但有些藝術家要打破這個限制，他們看見了另類演出的可能性。不一定要在後台和舞台，可以在一間大屋裏面演出，每個房間也有人在表演，可以同時同步進行，觀眾能隨時到任何一個房間觀看，這樣觀眾和表演者便能打成一片，超越了戲劇的平面，衝破了分隔，實是非常有創意。

不知是否受上述表演藝術啟發，Netflix 平台上有套西班牙電視劇《紙房子》（*La Casa de Papel*），故事中有幾個黑衣人打劫造幣廠，警察未到來之先，他們進入不同的房間捉拿人質，但他們其後又穿上和人質類似的衣服，扮成被恐嚇和被人打傷。後來警察到達現場，兵賊難分，只好把所有人帶返警署。這套劇的情節引人入勝，人物關係錯綜複雜，顛覆了世人傳統意義上好和壞的概念。原來人是要超越某種固有的關係模式，才能產生更多破格作品。

有時資源非常缺乏時更能看見可能性，導演 Michael Cimino 拍了一齣電影《獵鹿者》(*The Deer Hunter*)，他沒有很豐厚的製作預算，資源緊絀，但整套電影卻拍得相當出色，獲獎無數。成名之後，有投資者給他龐大資金，拍了《天堂之門》(*Heaven's Gate*)，票房卻連連失利，損失慘重，惡評如潮，被批為荷里活的"unqualified disaster"（不合格的災難）。所以有時當人在非常艱困的日子，創意反而是最澎湃的。

看見相關性

創意也是可以看出事物之間相關性的能力。作家 Walter Isaascon 寫了一本關於蘋果公司前總裁喬布斯（Steve Jobs）的書，原來喬布斯最初是讀藝術設計的，讀大學時看到很多指示牌設計獨特，因此着了迷，專注研究字款。他發明的第一台電腦名叫 Lisa，特別重視其背景中字的設計和差距，原本電腦字是有齒輪邊的，他就發明了 vector fonts，強調每一個字的高低差別。但是他這種注意細節的熱心程度近乎瘋狂，其他工程師也吃不消，覺得非常憤怒，m 字和 n 字要相隔若干距離，如此高要求合乎常理嗎？雖然如此，卻因為字體漂亮，可在屏幕上直接呈現印刷效果，不少設計師都選用喬布斯的電腦作為桌面印刷（desk-top publishing）工具，後來 Macintosh 取代了 Lisa。而對手 Windows 也模仿了 Macintosh 的“what you see is what you get（WYSIWYG）”概念。喬布斯不但重視字母之間的美感關係，也重視電腦與人的關係，蘋果遂成為設計師的摯愛。

鑽石山火葬場

上圖是什麼地方？這是鑽石山火葬場。死亡通常給人一種陰森恐怖的感覺，但鑽石山火葬場卻完全擺脫了這觀感。它是由政府建築署設計策劃，在團隊構思中，他們想滲入《易經》天圓地方的哲學，希望建築物展現陰陽平衡的思維。當那些靈車承載靈柩進入火葬場一條小隧道時，無可避免會經歷幽暗和痛苦的階段，但悲傷過後，就發現豁然開朗的世界，所以場中有一條樓梯緩緩而上，離開下面的憂傷；上層那幾組荷花池，配合翠綠羣山，發揮了解穢安舒的作用。建築師把人的感情、建築物和外在環境的相連關係牽引出來，流露人、物與自然的融合，最終獲得 2009 年「建築師學會年獎優異獎」。

日本的劇場藝術歌舞伎（kabuki），演員每個動作舉措，都是由音樂、戲劇和手勢等結連在一起，音畫同步（synchronization of sight and sound）。另外電影有一種剪輯技術叫「蒙太奇」（montage），是運用多組極短的鏡頭聚集成一組長鏡頭，形成整體印象，而前蘇聯導演愛森斯坦（S. Eisentein）的電影則以「蒙太奇」美學為著。以上兩種藝術形式都給我們看見了奇異點（singularity），即無法單純定義的事物，當不同的人或物件互相產生新的關係時，就會出現新的作品。

四川地震其中一間倒塌得最嚴重的中學叫做「北川一中」，為了給學生做些災後心理重建工作，一班香港青年，就在當地上演一些類似「一人一故事劇場」（playback theater），讓每個青年人都說出他的哀情，說出他失去同學，失去老師的悲痛。當他們表達完之後，香港青年就透過一些戲劇、舞蹈或人形雕塑演繹他們的心情。這就是創意，是產生藝術結合心理輔導的關係性。

創意是一種對生活的態度

創意也是關乎一個人生活的性情和心態，甚至價值觀。

心理學家契克森（Mihaly Csikszentmihalyi）說，當「設計或發現新事物」(designing or discovering something new）時，就是人們最享受的時刻。他提出了「心流理論」(flow)，是一種沉浸於活動本身的振奮狀態，愈多看書的人愈會有這種感覺，這可能是因為他們在閱讀中發現或激起了新的思維。若人能持續地保持這種生活態度，不斷反思，必能擁抱生命，心靈變得豐盛，對各種事物充滿好奇心，有利產生更多創意。

意大利導演 Michelangelo Antonioni 拍了很多電影，都是利用天然的地勢和建築物去反映演員的內心世界。如《情事》（*L'avventura*）的部分場景就是沿海岩石和建築物，在一望無際的海洋帶出個人的空洞和迷惘，不用對白言語已反映出人物內心的蒼涼和傷痛。**所以創意其實不單是一種技巧，而是經歷現實的磨練而產生的一種生活態度**，有這樣的體會才可拍出如此高質的電影。

5.2 創意和品格的關係

創意其實屬於品格價值一環，它會影響人類的生存，影響人與他者的關係，影響世界的多樣性和多元性，對人的生命素質有陶染作用。

關乎人類的生死存亡

非洲國家盧旺達（Republic of Rwanda）有段時期發生了多次種族清洗的災難，胡圖族（Hutu）人和敵對的圖西族（Tutsis）人曾經頗為友好，互相熟悉，甚至會通婚聯親；但後來因殖民地政府政策導致互相仇視，彼此殺戮，獨立後也沒有改善。1994 年短時間內有 50 至 80 萬人被殺，當中包括圖西族人和胡圖族人，震撼整個世界。兩族被殺者家屬心裏其實有很多不安，懷着怨恨、傷心和內疚，自責沒有好好保護家人和族羣。試想因一時的衝動，導致互相仇殺，現在要做復和的行動實是舉步為艱。究竟今天敵對的兩族人如何共處呢？有人就想出一個復和項目「和平之牛」（Cow for peace），計劃是送一些母牛給受害者的家庭，母牛生了小牛後，就將那些小牛給殺害者的家庭，那麼這隻牛的後代就住在敵人的家裏；久不久雙方就要見見面，聯繫一下，慢慢地彼此便可以恢復溝通，可以連結起來。這個案例讓我們思考香港情況，香港社會撕裂嚴重，內部矛盾處處，各方是否可以想出一些有創意的方法，解決不同羣體之間的分歧，達致包容差異而又合一的局面？

關乎關係

一個地方或一間公司擁有不同類型、不同個性、不同年紀的人就像擁有一個寶藏，如果這些人關係配合得好，可展現各自的獨特性或嶄新的果效，因為創意就是湊合了多種不同關係而成。

當兩個人離開原生家庭，相愛結婚，需要融合創建一些新價值來維繫這個家，懷孕所生下的子女混合了父母的特徵，但同時子女擁有自己的樣貌、體型、性格和喜好，是和父母有關係卻完全獨立的個體，他們也會有新的思想價值。**機構裏一個同事加另一個同事，一間公司加另一間公司，並不等於兩個同事，兩家公司，而是交融在一起，才可創造出新的東西。**若雙方關係惡劣，是不會有什麼成果，所謂雙贏其實可以理解為提升雙方的價值，假設沒有這種「完形效益」，大家只活在自己世界裏，和外間人與事脫離關係，社會又何來和諧進步。

關乎多樣性和多元性

創意能令我們的地土充滿色彩，前商務印書館總裁陳萬雄曾説從前或着重「技術」、「地土」、「機械」和「知識」，但將來最重要卻是「文化」。文化是需要一點點累積的，西方的文化是拼合了希臘文化和希伯來文化；中國的文化也包含了道家文化和儒家文化，我們要對不同文化領域增加認識，才能變得更多元。

非洲曾有位政治家及革命家叫做 Kwame Nkrumah，在 1957 年帶領加納（Republic of Ghana）脫離英國殖民地，自立為國，其後很多非洲國家也跟着脫離所屬的宗主國。他認為加納不一定要學習這些殖民者或者西方的事物，因為國家有自己的身分和自己的故事。同樣世上所有人都有屬於自己的身分和故事，而這些都是從歷史和文化而來，不同文化的拼湊才有不同的創意，世界才出現豐富的色彩。

香港早期來的人是難民，他們來自中國大江南北，五湖四海，另外因為是英國殖民地，亦有不少外國人及東南亞人住在這裏，在這個多樣性的社會環境，孕育出迥異的創作人。香港有些文學作家的作品達至世界級水平，眾所周知金庸的武俠小說蜚聲國際，除了當中情節充滿了中國不同族羣的哲學特色，也糅合了西方小說的創作技巧，他還在為角色命名時顯出創意，什麼東方不敗、任我行、霍青桐、黃藥師和張無忌等，完全符合人物性格及外表長相。

一個移民城市，創意可以無窮無盡，但到了三四代之後，可能漸趨標準化，只希望成為平平凡凡的跟隨者。儘管文化不同或會引起衝突對立，但所產生的「混血」作品可能更令人讚歎，正如流行曲《Warrior》的歌詞「愈鬧愈熱鬧是轉機 / 愈靜默愈寂寞難有驚喜」（林若寧作詞），多元和多樣才會有更多驚喜。

關乎豐盛的生命

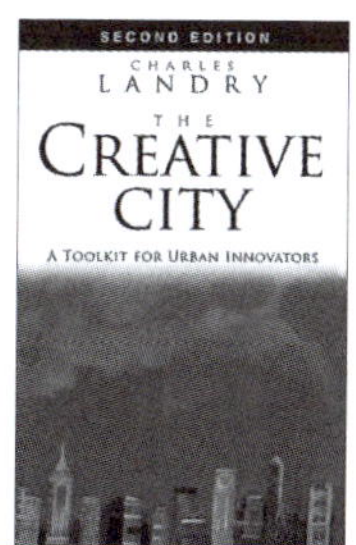

The Creative City（圖片來源：Amazon）

創意可以令人有豐盛的生命，《創意城市》（*The Creative City*）的作者 Charles Landry 在書中提及一個人、一座城市及一間機構都需要創意，城市若能給予創造的空間，自然會有創意湧現，人便可以產生不同的藝術想像（artistic imagination），改善心靈，令人生變得更有深度。法文 salon（沙龍），意思就是一個聚會場所，給大家可以不受拘束，説些天馬行空的事情。波蘭也有類似聚會，有個天主教組織叫 KIK（Klub Inteligencji Katolickiej），它是在共產時期的一個組織，是一個容許傾談政治的平台，青年人聚在一起風花雪月，沒有任何限制，後來那班人在柏林圍牆倒下後，成為波蘭的國會議員，希望為國民創建未來。

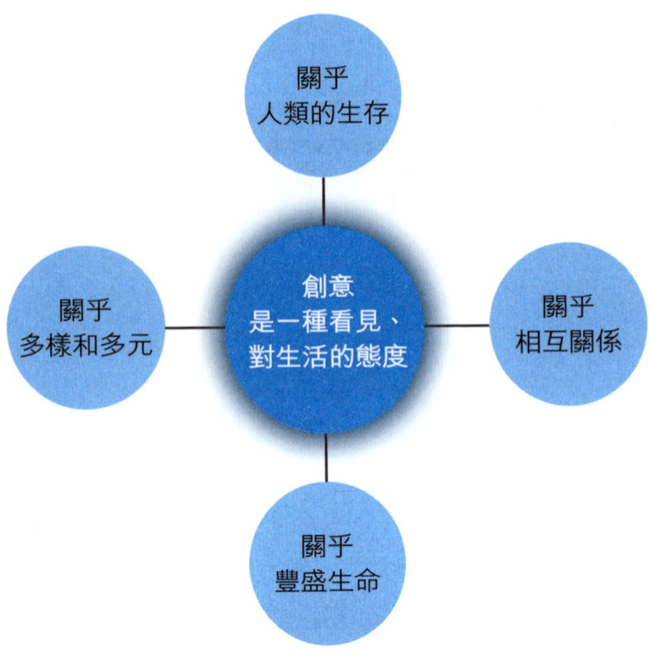

創意和品格之關係

5.3 創意的四大關鍵因素

學者 Teresa Amabile 發表了論文"Componential theory of creativity"，當中提到創意需要有四個元素。

第一要擁有和你**領域相關的技能**（domain-relevant skill），這個不難理解，每個人也可繪畫，但若想了解自己的不足和短處，便需學習一些理論技巧。

光有技能還不足夠，也須留意**創造力相關歷程**（creativity-relevant processes）。創意理應撇開分析，未必要留意可行性，因為很多時要在錯誤中學習，犯錯之後才會發現到新東西，所以不能只有可行才是創意。當人有了計算後，就會覺得這樣會出問題，那樣行不通，很難繼續下去，扼殺了幻想空間。已故 George Land 博士是一位系統科學家（general systems scientist），美國國家航空暨太空總署（NASA）也曾用其測驗進行聘請工程師等職位，同一個測驗給不同年齡層使用，測試五歲小朋友，會發現他們非常有創意；給十歲的小孩，創意跌至 30%；再給十五歲的青少年，只有 12% 顯出創意；給廿五歲或以上成人，更加僅得 2% 有創意。下表就是測試結果：

測試年歲	測試人數	測試年分	測試百份比
5	1,600	1968	98%
10	1,600	1978	30%
15	1,600	1983	12%
25+	280,000	1985	2%

（資料來源：Fresh thinking drives creativity & innovation – https://research-repository.griffith.edu.au/bitstream/handle/10072/7880/33187_1.pdf）

另一元素是**工作動力（task motivation）**，這動力包含了內在和外在兩方面。內在動力（intrinsic motivation）是發自內心的古靈精怪空想，不一定代表有結果和用處；另一種就是外在動力（extrinsic motivation），有一些如獎金獎品般比較實質的推動去創作。內在動力比起外在動力對創意更為重要，內在動力是關乎對生活本身的興趣、享受、滿意和挑戰，不受外界壓力影響。有一次有個老師擔任代課，他原是一位音樂老師，就用一條橡筋幻化成五花八門的圖案，班上四十多位同學定睛望着他，令人目不暇給。或許這是沒有目的的創意，但對這班小朋友來說，真的非常有啟發性。他就是「加明叔叔」王曦，既是兒童節目主持，又教導音樂，他還將牧童笛引入香港並在學校發揚光大，因有兩種身分，王曦老師對學生特別有耐性，引發同學們的內在動力去發揮所長。

至於**社會環境（social environment）**，就是當你有好奇心，社會會給你什麼空間去嘗試，有可能是開放性環境，也可能是壓迫性環境。好奇心是個童真的舉動，什麼都要問，什麼都覺得有可能，好像宮崎駿的動畫電影《天空之城》、《風之谷》等展現的天馬行空。宮崎駿的動畫配樂大多是由久石讓作曲，久石讓寫了一本書，名叫《感動：如此創造》，他說創意有三個重點：第一是閱讀，要涉獵很廣泛的事物，用不同角度思考問題，腦海才有很多意念互相撞擊。第二是要遊歷，不是拍張照片，買件紀念品的那種，而是要去細味欣賞當地之歷史文化、風土人情，進入其社會。第三是懂得整合各種資訊哲學。所以有適合環境，不論順境或逆境，只要有機會接觸不同種類的書籍，探索差異有別之文化，自然有異想天開的新念頭。

人類的創意其實在小時候已經存在，可是成人的創意或許因環境改變而縮減。教宗若望保祿二世（Pope John Paul II）有一位學生 Helena Bowaskie，她是波蘭的一位神學家，她說在極權社會的統治之下，有一種教導叫做「被動學習」（learned passivity），就是什麼都照單全收。其實即使民主社會也會逐漸限制我們的思維，教育會規範我們，這些才是測考範圍，其餘的不需要學習；家庭會束縛我們，不要犯錯，幹這些有用，做那些無用；工作又會約束我們，少做少錯，儘量減低失誤。這就是今天我們社會種種不鼓勵創造的環境，什麼都要講求功能效益。歌星許冠傑兒子在多倫多想讀設計，擔心日後能否找到工作，尋求父親意見時，許冠傑鼓勵他說：「講笑話都可以搵到食啦」，因為其哥哥許冠文正是喜劇笑匠。所以我們說話要小心，不要隨便說什麼是有用，什麼是無用。

Teresa Amabile 其後和 Michael G. Pratt 提出「創造力組成成分模型」（Componential model of creativity），將四個要素連結一起：

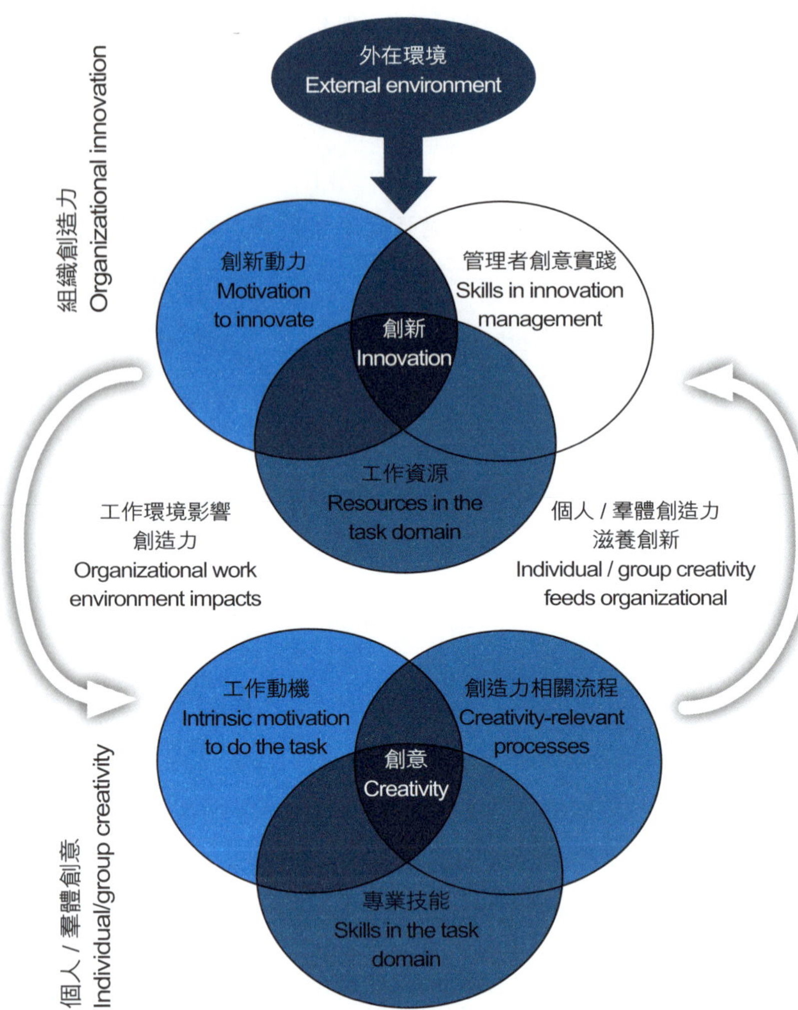

創造力組成成分模型（圖片來源：The dynamic componential model of creativity and innovation in organizations: making progress, making meaning — https://edisciplinas.usp.br/pluginfile.php/3312593/mod_resource/content/1/The%20dynamic%20componential%20model%20of%20creativity%20and%20innovation%20in%20organizations-%20Making%20progress,%20making%20meaning.pdf）

5.4 上帝的創意

基督徒信奉的上帝也很有創意，大家可以從一個聖經人物摩西的故事去了解：

摩西的人生

摩西的故事內裏包含一個工具的創意轉化，從而改變摩西的人生。

摩西原是以色列人，他的先祖遇到饑荒，就移居到埃及。幾百年後，埃及王法老見到以色列人生養眾多，害怕他們會危害政權，於是要奴役他們，安排他們做苦工，目的是要削弱他們的鬥志。事情發展到一個可怕的地步，就是法老命令那些接生婆把以色列人的男嬰全部殺死。摩西的媽媽，生了摩西之後就非常害怕，把摩西藏起來，過了一段日子，再無法收藏了，於是她把摩西安頓在一個蒲草箱內，再放在河上，隨水漂流，聽天由命來決定他的命運。誰知法老的女兒發現摩西，就收養了他，而摩西的母親後來成為了奶媽。

摩西日漸長大，接受了埃及的宮廷教育，變得有學問，有見識，有智慧；但同時他亦深明自己的身分，是在埃及長大的以色列人。他在四十歲時，在街上看到同鄉被埃及人欺負，於是勇敢挺身而出，殺死了那個埃及人。第二天，他又看見兩位以色列人在爭論吵架，他上前想做調解人勸阻，怎知其中一人說：「誰立你作我們的領袖和審判官呢？難道你要殺我，像殺那埃及人一樣嗎？」摩西就甚為害怕，他以為殺那埃及人時沒被人看見，結果還是東窗事發，若法老知道這事，肯定會降罪於他，甚至會處死他。於是他決定逃走，到一個叫米甸的地方，生活了四十年，以牧羊為生。

試想想，一個知識分子，滿有聰明智慧，現在卻要轉行成為牧羊人四十年，過往的自信鬥志，都慢慢消失殆盡，心灰意冷了。更何況現在去到八十歲高齡，人已老去，不如安穩牧羊，渡過餘生。怎知有一天，他遇見上帝，上帝對他說：「因我的百姓以色列人正在受苦，現在我要差派你到法老那裏去，把他們領出來。」當時埃及是個軍事強國，摩西無兵無卒，又是一位老人，哪有可能成事？這個任務實是困難重重，摩西甚至覺得上帝在跟他開玩笑：「我是誰呢？法老怎會理睬我？」

上帝在這裏用很有創意的方式令摩西肯擔起領袖職責，上帝對他說：「你把牧羊的杖丟在地上。」當他把杖丟在地上後，杖就變成了蛇。上帝又對他說：「你用手捉住那條蛇。」蛇之後就變回杖了，上帝於是吩咐摩西拿着這杖去行神蹟奇事，以致其他人看後會知道及相信上帝與他同在。原本摩西心態上頗為負面，但親眼看見了奇事後，有了轉變，發現和他說話的上帝是大有能力的，甚至顯現在他面前，令他感到帶領以色列人出埃及是有可能的；最後他拿着這枝杖，去到埃及地，行了不同的神蹟，逼法老放行以色列人。

當法老容許以色列人離開，他又後悔起來，要追殺他們。以色列人走到紅海邊緣，實是走投無路，摩西就求問上帝如何是好，上帝就要他舉手向海伸杖，海水自然會分開，現出陸地來，這樣便可帶領以色列人渡過紅海。當他們走到新的地方後，又出現資源問題，沒有水源，摩西又再求問上帝，上帝就叫摩西拿起杖擊打石頭，石頭就會流出水來，可以飲用，事情果然發生了。其後族人叛亂，他也是透過一枝杖平定了事情。走到了新的地方，有外敵要追殺他們，摩西藉着舉起這杖，帶領以色列人戰勝外敵。

所以杖對摩西實是有很重要的意義，他從中體會到一件事情：上帝能把一枝平凡的牧羊杖，變成一個帶領及管理的象徵，也帶領及管理着他的生命。一個八十歲的平凡人，驟然變成一個領袖，帶領以色列人去到上帝所應許的地方。

當中有什麼啟示？第一是圍繞我們身邊本來有很多平凡的人，平凡的事，平凡的物，只是我們沒有太留意，覺得沒有什麼特色，但原來所有東西都可以**變得不平凡**。當中關鍵在於創意，創意就是賦予事物新的意義。

此外，經歷也會讓你發現原來這個世界可以由**不可能變成可能**，就如摩西的杖會變蛇，蛇又可變回杖，這個概念轉換過程啟發我們，即使事與事或人與人之間有複雜關係，但蘊藏轉機。摩西遇到上帝前，認定很多事不可能發生，但在某種處境之下見到神蹟，看到很多人、事、生活及政治等問題也可藉着杖的轉變來應對，原來世界不是那麼負面。若只看到轉變帶來困難，這是消極。要是發現轉變蘊含的創意才是積極。

最後，上帝藉着杖希望人面對而**不是逃避困難**，牧羊杖只是工具，代表上帝對摩西的支持，上帝其實可以立即令埃及人全部消失，以色列人便不用受人欺負；但上帝卻要人經歷種種問題，令人生更加扎實，要人發掘種種創意，令生命更富彈性。正如創作過程一定會遇到困難，但黑暗之後就會看見曙光。

Empowerment 又叫賦權，「賦權增能」意思就是有啟蒙、啟發、改造和壯大別人的意思。高齡摩西本來欠缺自信心，不認為自己可以成為領袖，但上帝卻要讓他看見牧羊杖的可變性，間接要他看見自己的可塑性。**創意不但可以令自己進步，擴闊自己的價值觀，更有助提升生命力**。

思考問題

將摩西故事套入 Teresa Amabile 的創意四大因素中：

1. 領域相關技能（domain-relevant skill）：摩西反問自己懂什麼？

   答：他有管理（羊羣）經驗。

2. 創造力相關歷程（creativity-relevant processes）：摩西自覺沒有能力，上帝問他手上拿着什麼？

   答：上帝要摩西看見神使用牧羊杖的創意——可用作分隔紅海、開發水源、戰勝敵人的工具。

3. 工作動力（task motivation）：摩西有沒有一個強烈的動力去改變現狀呢？

   答：最初摩西想逃避帶領以色列人這項責任，但他在埃及作王子時期早已有一顆正義的內在動力，最終他亦負起領導工作。

4. 社會環境（social environment）：當時的社會是什麼環境，使人要改變呢？

   答：當時以色列人被埃及人壓迫，是關乎民族存亡，必須離開埃及。

5.5 創意的提升

1956 年，Louis R. Mobley 創立了 IBM Executive School，他說要提升創意便要有以下思維：

降低創意	提升創意
線性思考 (linear thinking)	非線性思考 (non-linear thinking)
學習 (learning)、 增加假設 (add more assumptions)	反學習 (unlearning)、 顛覆現有假設 (upend existing assumptions)
學習創意 (learn to be creative)	成為有創意的人 (become creative)
缺乏有利的創造環境 (lack of creative environment)	經常處於有利創造的環境之中 (hang around in creative environment)
缺乏自知 (lack of self-knowledge)	自我了解 (self-knowledge)
不許錯誤 (no mistakes)	容許錯失 (permission to be wrong)

綜合而言，當一個人想要在個人的專業上創新，就必須要有厚實的基礎，胡適説：「為學要如金字塔，要能博大要能高」，若地基不夠廣闊平穩，又如何能加高呢？有利創造的基礎才有本錢深入自我了解，容許錯誤，顛覆現有框架成為那個範疇的創造先驅。

世界上很多專業人士只懂得技術及軟件知識，但當時代轉變就會被取代，從前人工智能（artificial intelligence）只為取代勞力工作，但現在已可應用於很多複雜的工作，例如病理學和法律文件分析等，可能將來即使是律師和醫生也有機會失業。恐龍絕種其一原因是牠們適應能力差而飲食又太獨特，氣候環境一轉變就無法適應；但蟑螂卻比恐龍具備更強大的自我提升生存機制，牠們在缺水缺糧的情況下也能生存多天，加上食性廣泛，繁殖力強勁，想要牠們在地球消失幾乎是不可能。**所以人類要懂得在自己的領域發掘更多可能性，提升能力。**

《雨天的巴黎街道》（*Rue de Paris, temps de pluie*）/ Gustave Caillebotte（1848-1894）
（圖片來源：https://en.wikipedia.org/wiki/Paris_Street;_Rainy_Day）

上頁的圖是印象派畫家 Gustave Caillebotte 最著名的作品《雨天的巴黎街道》(*Rue de Paris, temps de pluie*),他的作品大都是環繞日常生活,儘管他並非初創的印象派畫家,但他卻懂得運用攝影技巧的三維立體空間體驗,觀賞者會看見建築物有個終極點,有如置身巴黎街中,令畫作更加主次分明,成為之後新印象派的啟蒙者。

我們若有 Louis R. Mobley 所說提升創意的思維,**必能在平凡中看見不平凡,混亂與秩序之間取得平衡,過程與目標之間懂得調整**,有如 Gustave Caillebotte 一樣改善舊有事物,擴闊創造空間,繪畫出前瞻性畫作。

5.6 總結

一個社會提出「創意產業」其實是非常危險的,因為這是假設了創意是個工業,有交易、有生產、有利益,涉及很多分析,是否沒有這些項目就不是創意?其實創意有很多類型,你會看見街舞有很多創意舞步,而街上塗鴉藝術又會展現出構圖豐富的畫面,這些都不涉及什麼「產業」,但卻非常有新鮮感。事實上很多創意也是從生活開始。

大江健三郎是 1994 年諾貝爾文學獎得主。他說他行經路邊的田園,看見有些葉和草在搖動,原來是下雨後有水點在葉面滑下,他有感而發說:「我在水點中看見世界」。所以我們在運動、逛街、吃東西的日常生活中，要時刻保持着思考及求知欲。回看人生，每樣東西都可以很新鮮，試用嶄新的視覺去看事物，用另類方法完成一些事情。例如每天刷牙是用右手的，今天可試用左手；又如平常穿衣服後才吃早餐，也可嘗試吃過早餐後再穿衣，體驗當中的感覺和轉變，或許對你的人生甚至社會帶來影響。

歌手陳美齡在日本發展時影響了當地文化，就是女士們可以帶嬰兒去上班。事緣陳美齡因為孩子還小，需要餵哺人奶，但她又要去上班，所以老闆就容許她帶嬰兒去工作。又有一次陳美齡去演出，有七天不在家，於是她就預備了 21 個小袋子及禮物，交給她媽媽放在不同地方。小朋友會在七天尋找屬於自己的小禮物，最初知道媽媽不在家，孩子一定不快樂；但之後因為知道每天有期待的禮物，失望驟然變成希望，一個家庭也可有無限創意。

Andy Crouch 所寫的《創造文化》(*Culture Making*) 指出，人可創建事物、圖像、儀式及語言。當我們日常與他人分享使用事物、圖像、儀式和語言時，我們不僅在共享這些東西，而且在分享它們對我們的啟示，這種啟示就是文化轉移。從中我們找到自己的身分、意義及價值。以語言作例子，香港是東西文化交錯的地方，日常生活會用上中文及英文，可能有人會説潮語「今次 Fat Fat la」(今次肥過肥仔水喇)，有發達的意思。或許只有在香港這個地域土生土長的人才能明白這句話的真諦，歐洲人、拉丁美洲人和非洲人就不會產生這種句子，他們卻會產生另外一些文化的句子。因此人類應該學習從文化消費到文化創造，為社會帶來良好改變。

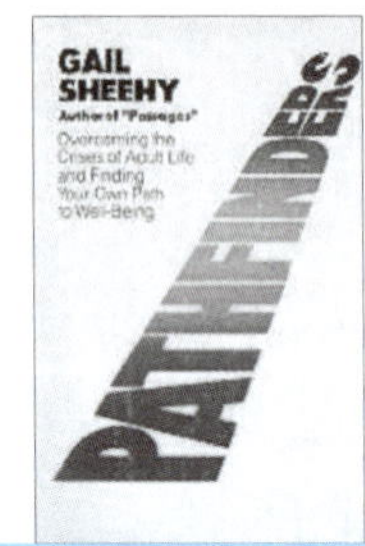

《生命逆轉──聖經人物的第二曲線人生》；*The Second Curve*；*Pathfinders*
（圖片來源：基道書樓及 Amazon）

上圖有三本書，受到 Charles Handy 的 *The Second Curve*（中圖）啟發，筆者寫了《生命逆轉──聖經人物的第二曲線人生》（圖左），講述聖經人物的高低起伏，揭示了人生可以再創造。

Gail Sheehy 的 *Pathfinders*（圖右）是成人的心理學書籍，她訪問了多位成人創路者，其中一位是前埃及總統 Anwar Sadat，他為了世人和平福祉，曾經促成埃及和以色列關係和好，於 1978 年在美國總統休養地大衛營簽署了 *Camp David Accords*（大衛營協議），當時來說是唯一一個阿拉伯國家行出這一步。但後來 Sadat 在 1981 年被暗殺身亡，之後曾和他會談的前以色列總理 Yitzhak Rabin 也在 1995 年被暗殺。可見創路的先驅是充滿危機，要付出代價，但這個社會確是需要這些先驅才能邁步向前，生命才可以進步。

創意不單單是一種技巧，而是一種素質，是一種品格。多學習從另一個角度看事物，看關係，充滿想像，充滿好奇心。太趕急，太過功能性，太怕事，太多比拼，害怕犯錯，過分重視成功，都會限制我們。**人需要空間放鬆自己，去閱讀、體驗和反思一切事情，才會有新的建構。**

延伸思考

1. 什麼是創意？為什麼我們要有創意？

2. 為什麼創意與品格有關？

3. 怎樣提升創意？

4. 何謂創意生活？何謂創意文化？

5. 年紀愈大，我們愈沒有創意。你同意嗎？我們比父母一代更有創意嗎？

6. 創意是否一定要有商業價值？例如創意工業，才是創意？

7. 創意必須要有用才有價值？

8. 我的工作需要創意嗎？

9. 智商與創意是否成正比？

10. 教育程度與創意是否成正比？

11. 創意是一種人生態度？如果是，那會是一種怎樣的人生態度？

12. 創意是懂得問問題，還是懂得找答案？

13. 創意與一個人的視域、洞察力有關嗎？

14. 創意的人能夠與不同的人和平共處嗎？

15. 摩西這聖經人物，他的牧羊杖發揮哪幾種創意？有什麼用途？

Amabile, Teresa(2013). Componential theory of creativity. *Encyclopedia of Management Theory(Eric H. Kessler, Ed.)*. Thousand Oaks: SAGE Publications.

Amabile, Teresa, and Pratt, Michael G.(2016). The dynamic componential model of creativity and innovation in organizations: Making progress, making meaning. *Research in Organizational Behavior, 36*, 157-183.

Crouch, Andy(2013). *Culture Making: Recovering Our Creative Calling*. Downers Grove, IL: IVP Books.(中譯本：鄭淳怡譯（2016）《創造文化：世界潮流中的福音新呼召》。台北：校園書房。)

De Pree, Max(1992). *Leadership Jazz*. N. Y.: Doubleday Business.

Handy, Charles(2015). *The Second Curve: Thoughts on Reinventing Society*. London: Random House Business.

Isaacson, Walter(2011). *Steve Jobs: The Exclusive Biography*. N. Y.: Simon & Schuster.

Keim, Daniel et al.(Ed.)（2010). *Mastering the Information Age: Solving Problems with Visual Analytics*. Goslar: Eurographics Association.

Landry, Charles(2008). *The Creative City: A Toolkit for Urban Innovators*. 2nd ed. London: Routledge.(中譯本：《創意城市》。台北：馬可孛羅，2008。)

Mihaly Csikszentmihalyi(2008). *Flow: The Psychology of Optimal Experience*. N. Y.: Harper Collins.

Sheehy, Gail(1981). *Pathfinders*. N. Y.: William Morrow & Co.

Turak, August(2011). Can creativity be taught? *Forbes* May 22. Retrieved from: https://www.forbes.com/sites/augustturak/2011/05/22/can-creativity-be-taught/?sh=3df4fe51abb4

Vint, Larry(2005). Fresh thinking drives creativity & innovation. *QUICK-Journal of fthe Queensland Society for Information Technology in Education, 94*, 20-22.

久石讓著，何啟宏譯（2012）。《感動：如此創造》。北京：中信出版社。

梁永泰（2011）。《生命逆轉——聖經人物的第二曲線人生》（增訂版）。香港：突破出版社。

第六章 Space 空間

空間對於塑造人的價值觀有莫大幫助。

回想讀書時在課堂中，我們所認知的空間就是立方體的長 x 闊 x 高。其實空間不止是這樣，生活上有物質空間，居住空間及工作空間，情感上有心靈空間，宏觀環境又有環境空間和城市空間，現在的數碼年代又出現虛擬空間，還有很多不同種類的空間存在，每個空間裏又會出現多樣的可能性和獨特性。以下有一些關於空間的問題供大家思考：

思考問題

1. **什麼是空間？**
2. **要怎樣的空間才算足夠？**
3. **你認為自己在各方面的空間都足夠嗎？**
4. **你可以一年不用手機嗎？**
5. **香港是一個沒有空間的地方嗎？**

上文所提的各類空間之間未必互有從屬或成正比關係，例如物質和居住空間有限，不代表心靈空間匱乏。1975 年有套電影《密室》（*The Hiding Place*），是由真人真事改編，述說二次大戰德國集中營的情況，儘管營內空間狹小，但他們彼此卻可以談天說地，討論音樂或其他藝術，心靈因而擴闊，得到安慰。

6.1 空間的重要

空間對於整全生命非常重要，著名中國畫家潘天壽曾言：「我落墨處黑，我着眼處卻在白。」構圖沒有留白會毀了一幅畫作，**同樣，活得沒有空間也會毀了一個人的人生。**

成長塑造

成長路上會遇到很多挫敗，往好處看是這些挫敗可以令人有空間經歷迥異體驗，調整過後便更有勇氣邁步向前。電影《一百萬零一夜》（*Slumdog Millionaire*）講述一位印度窮小子，如何憑自身經歷贏取「百萬富翁」遊戲的終極獎金。貧民窟是窮人居住之所，出生環境及際遇本可以令人自暴自棄，但他卻選擇了化咒詛為祝福，這地方給了該青年空間去觀察和磨練，豐富了他的學問見識，成就了意想不到的結果。

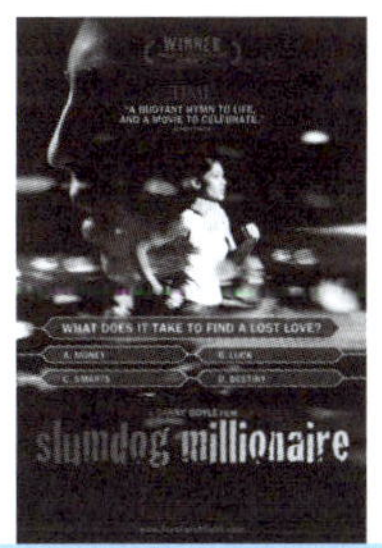

《一百萬零一夜》（*Slumdog Millionaire*）（圖片來源：香港電影評論學會 – https://www.filmcritics.org.hk/zh-hant/%E9%9B%BB%E5%BD%B1%E8%A9%95%E8%AB%96/%E6%9C%83%E5%93%A1%E5%BD%B1%E8%A9%95/%E7%9C%9F%E6%84%9B%E3%80%81%E6%AD%A3%E7%BE%A9%E8%88%87%E7%99%BC%E8%B2%A1%E7%9A%84%E7%B3%BE%E7%B5%90%E3%80%8A%E4%B8%80%E7%99%BE%E8%90%AC%E9%9B%B6%E4%B8%80%E5%A4%9C%E3%80%8B）

反思的空間對成長也很重要，不少人剛移民外地，總會感到諸事不順，萬事起頭難，眼中可能只有當地的不好和弊端，緬懷移民前的溫暖風光。這時候就需要安靜，停下來，打量如何面對適應。最理想當然是嘗試探究所在地的背景文化、習俗、語言等範疇，多了解當地的歷史，多閱讀該國的報章雜誌，主動認識鄰居朋友。另一方面也要提醒自己保留本身的優點傳統，找機會與人分享美食、音樂、思想之類，當你有冷靜空間接受所有好與不好時，才是成熟的表現。

創意啟發

「大江東去浪淘盡，千古風流人物，故壘西邊，人道是，三國周郎赤壁」。這幾句是出自北宋蘇軾的《念奴嬌·赤壁懷古》，他自號為東坡居士，故又稱為蘇東坡。蘇軾學富五居，文筆了得，無論在散文、詩、詞、賦、書法和繪畫均非凡出色，可惜他在朝中經常因變法改革問題和其他大臣意見相左，慘遭彈劾誣衊，多次被皇帝貶到偏遠地方。一次他被貶到黃州，大約在今天湖北省的黃岡市，心中有說不盡的憂愁鬱結，於是四處遊山玩水，來到赤壁之地，感慨良多，追憶三國時代周瑜的得意風光，便作了這首《念奴嬌·赤壁懷古》。

可能有人會問為何要去到失意盡頭，才有偉大的作品？這或許是因為在逆境之下生存活着，已經了無牽掛，有更多空間發揮創作，就如陸游作品《遊山西村》中兩句「山重水複疑無路，柳暗花明又一村」，有時當人去到絕境時，才會用另類目光發現不一樣風景，完成更多佳作。

關係建立

運動員之間很多時會有廢話互窒（trash talk）的情況，觀看籃球比賽會常見球員用口水戰術來打擊對手。原來人要彼此建立關係，有時候也需要無聊地閒話家常，透過這些不痛不癢的「廢話」，可以令大家有空間深入認識對方，就如參加飲宴，坐在附近的人或許不太相熟，起初只會説些虛語浮話，言不及意，後來大家又會漸漸言之有物，甚至結下了友誼。

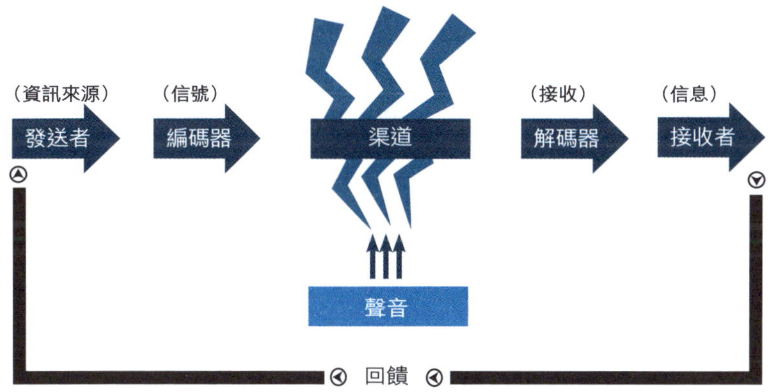

Shannon and Weaver Model of Communication
（圖片來源：https://www.communicationtheory.org/）

關係建立是雙向的，對話的好處，就是彼此都是主體（subject），沒有客體（object），大家互為肢體，容許平等交流的空間。傳播學中的數學理論 Shannon and Weaver Model of Communication 是由兩位數學家 Claude E. Shannon 和 Warren Weaver 建構而成，當中包含了發送者（sender）、編碼器（encoder）、渠道（channel）、解碼器（decoder）、接收者（receiver）和回饋（feedback）的元素。現實中人與人的溝通也是一樣，**任何人也有機會做發送者和接收者的角色，兩者都需要空間思考轉化，易地而處分析對方說話背後的原因，否則便會容易曲解對方意思，做成更多不必要的誤會。**

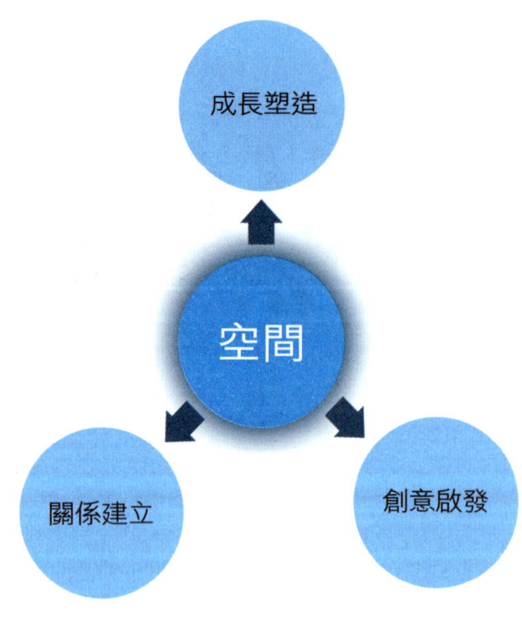

空間的重要性

6.2 窒礙了的空間

可是很多時受社會環境影響，人在耳濡目染下，思想、性格或習慣會起變化，限制了各種空間，帶來更多個人及社會問題。

生活節奏緊迫

一間保險公司在2021年做了第五次「新冠肺炎疫情的全球影響研究」，該公司在疫情期間已先後做了四次調查，發現香港人壓力依然非常大，在十一個受訪地區中排名第五，經濟財務問題仍為最大的壓力來源，只有15%受訪者對其收入表示樂觀。香港這個城市轉變急速，生活水平偏高，供樓租屋支出龐大，突如其來的疫情令經濟下滑，擔心失業之餘，家庭又有數不清要解決的問題，連找一個喘息的空間也沒有，長此下去就會出現情緒及精神疾病。

沉重心理包袱

學者兼作家余秋雨寫了一本書，名為《山居筆記》，其中一篇是〈一個王朝的背影〉，內容主要是述説清朝的興衰及清皇帝的逸事，有對歷史的批判和皇朝落幕的感歎。當中提及「文字獄」刑罰，許多朝代都有「文字獄」，嚴重的會有「誅九族」。族誅概念由來已久，相傳起源於商朝，九族有指是涉及父母及妻子族羣，也有説只是受刑人上四代，下四代，和同代之親戚。不論如何，此刑罰也是牽連甚廣。雖然今天已沒有這種刑罰，但當人自覺有太多心理包袱，便會感得活動空間收窄，做任何事也會小心翼翼，深怕行差踏錯，累及他人。

功利主義

競爭（compete）會帶來模仿（conform），令人只着重眼前利益，而不會冒險另闢蹊徑，嘗試不一樣的事物，這便限制了逆向思維的空間。

從前香港有很多墟市，主要集中在新界區，例如石湖墟、聯和墟、大埔墟等，墟市就是定期市集，由早期只售農作物到後來有副食品及生活日用品等。政府有段時間致力推廣墟市經濟，希望多些地區籌辦，目的是想幫助弱勢社羣及振興旅遊。可惜時代不同，商場冬暖夏涼，吸引了很多人去購物；市集之間所賣的東西又大同小異，互相競爭，失去了吸引力；加上地點不便，設施匱乏，幾年後不少墟市也無疾而終。事實上，成功的墟市是要慢慢自然演化而成，當中要有空間給予自由發展，還要結合特別的背景文化，和當區居民同心一起建立。不是所有東西也可倒模式仿效，**如果沒有給予空間，只懷抱着功利主義，一心追求達到多少經濟效益，到頭來反而扼殺了本來應有的持續性。**

視野狹窄

「視野」是指眼睛能夠看到的空間範圍有多廣闊，廣東話俗語「荔枝唔駁唔甜，禾苗唔插秧唔長，魚唔過塘唔肥」，荔枝要用嫁接方法栽培才結出香甜果實，禾苗要另覓更大農田插種才有健康水稻，池魚要換去更大的魚塘飼養才變得肥美。所以人的視野都不應只停留或侷限於某一位置，而是要透過閱讀、遊歷、溝通、觀察和思考等行動，發掘更多知識寶庫來擴闊自己的視野空間，原地踏步只會養成井底之蛙或坐井觀天的心態，眼光狹隘，且自以為是。

等級之分

筆者有次和同事與內地一所師範大學的編輯部，一起去福建開會退修，我的同事沒有階級之分，經常自由地暢所欲言；反觀師範大學的同事大都不發一言，他們顯然階級有序，高低分明，大家覺得自己人微言輕，沒有發言的空間，所以大部分時間都只有總編輯在說話。

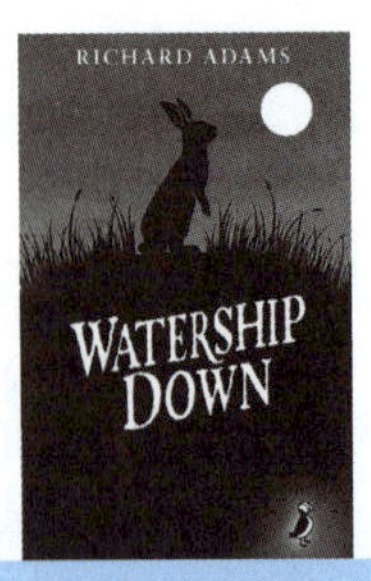

Watership Down（圖片來源：BBC –
https://www.bbc.co.uk/programmes/p06t617v
https://www.bbc.com/news/entertainment-arts-46506134）

英國有套動畫電影 *Watership Down*，由 Richard Adams 的歷險小説改編。故事講述一羣兔子搬家，從貨倉搬至鄉村，經過郊區野地，走遍千山萬水，困難重重，最後找到安身之所。過程中每頭兔子都是領袖，因為牠們各有長處，遇到不同難關就由不同的兔子帶領，沒有絕對的階級，只有集體的互助和合作。這就給了我們啟示，過分的等級之分對事情非但沒有幫助，甚至有機會影響他人安危，所以長輩或上司應該懂得放下身段，給予空間他人發揮。

數碼隔閡

數碼隔閡（digital divide）或稱「數碼鴻溝」原是指不同社會階層的人，利用資訊科技進行各樣活動而存在的差距。對於「資訊貧乏者」來説，資訊科技非但沒有改善他們的生活，反而還令他們在社會上被邊緣化，為他們製造更多障礙。但即使每位也是科技達人，生活是否真的沒有了「隔閡」？而資訊科技本身究竟是不是一種「隔閡」？

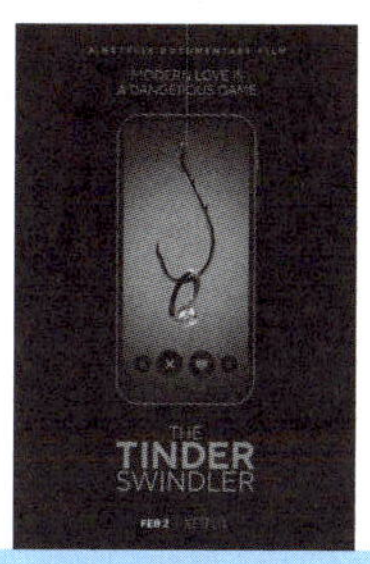

The Tinder Swindler（圖片來源：Wikipedia – https://en.wikipedia.org/wiki/The_Tinder_Swindler）

紀錄片《Tinder 詐騙王》（*The Tinder Swindler*）就是記述有人利用 Tinder 這個約會程式進行感情和金錢欺詐，受害人最初被騙子的照片吸引，覺得對方事業有成，英俊帥氣，兼有生活品味。受害人雖然久不久可以和那「男朋友」真實溝通見面，但最終揭發原來「我愛的人從來不曾真心，一切都是謊言」（The man I loved was never real, everything's a lie.），他只是將從某女子身上騙回來的金錢用於另一女子身上，不斷重複這伎倆。科技確實可以令溝通變得容易，卻不代表可令關係變得真實，有時候反而要放下科技，留空間思考彼此關係。

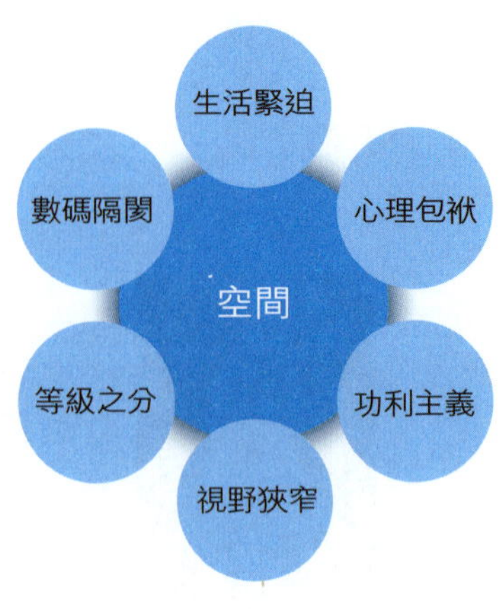

影響創造空間元素

6.3 創造空間

根據兩位心理學者 Thomas Curran 和 Andrew P. Hill 做了一項由 1989 至 2016 的跨年代研究，完美主義（perfectionism）思維近年在社會是有增無減，人對自己、他人及社會變得愈來愈吹毛求疵。若人沒有空間接受不完美這個事實，只會阻礙應有的發展，也會造成更多家庭及社會悲劇。事實上正因為不完美，更有空間探索前進的方向，我們反而要學習如何創造更多空間。瑞典有間失敗博物館（Museum of Failure），它其實是一間流動博物館，其展品會在世界各地展出，宗旨是專門展示設計不良，或被市場唾棄的產品，這概念大受歡迎，創辦人希望藉此提醒大家失敗是繼續創新的條件。（https://museumoffailure.com/）

失敗博物館標誌（Museum of Failure）
（圖片來源：Wikipedia –
https://en.wikipedia.org/wiki/Museum_of_Failure）

文化融合

文化本身其實需要空間發展，但有趣的是文化又可產生更多的文化。文化的英文是 culture，culture 這個字由 agriculture（農業）引伸出來。農業需要耕作，耕作需要空間及時間才有收成。上文所提的稻米，起初在育秧時的生長環境較為密集，由於過分擠迫不利於成長，所以農夫之後便有插秧程序，需要人工或機器移殖，才能讓水稻有更廣更闊的成長環境，當然也需等待才有收成，一般約四個月左右才有稻米。成語揠苗助長就是指拔苗以助其成長，最終欲速不達，反而讓苗枯死，**所以文化這回事不能操之過急，要有空間孕育才可培養更多優質的文化。**

從前沒有互聯網，大眾傳播比較單向，是製作人作為主導，只集中在某一空間進行創作；但互聯網興起後，情況變得不再一樣，可說是以用家而非製作人為支配者。例如韓國劇集很多時都是邊拍邊播，就是要依據觀眾的反應喜好而修改劇本，再進行拍攝。當然不是所有人贊同這種製作模式，但也反映出傳播者和接收者之間不再是單向的信息傳播，製作人需要跳去另一空間，藉用家的參與和刺激，啟發出新的作品。

人口流動也是另一個製造更多文化的例子。全球 500 強企業中，不少公司高層也具備跨文化背景，《財富雜誌》（*Fortune*）披露，在 2018 年統計中，頭 100 強公司中的 44 間，其開創性的高層是屬於移民第一代或第二代（First-or second-generation immigrants played a founding role in 44 of 2018's top 100 Fortune 500 companies）。他們沒有因為移居外地而自怨自憐，總覺被歧視，被邊緣化，反而努力地適應移民後的生活，及後更藉着其本身族裔的傳統價值，糅合當地文化，創造出更新穎的產品或管理模式，邁進更理想的事業方向。

教育栽培

教育無疑有助創造一個民族的發展空間，對於個人、公司、城市和國家的進步實有莫大裨益。在一項 2017 年香港「研究資助局檢討」報告顯示，以色列、新加坡和南韓的研究人員比率在亞洲可說是位於高水平，香港的大學畢業生沒有太多人會從事研究，這和社會配套及經濟壓力有關。研究需要空間及時間容許失敗，更不能只集中在科學上研究，也要顧及人文及社會學科的研究，一個地方才能漸漸地在各方面興盛起來。

內地的教育質素比以往確實提升了不少，前總理溫家寶曾提倡「科教興國」，那時中國的大學數量已從幾百間增長至幾千間。根據統計，1997 年中國的本科生和研究生不足 350 萬，2019 年的數字已超過 3300 萬。但那些重點大學不會再增加學生數目，這是因為國家把很多資源投放在這些重點大學，所以人數必須有所限制，希望逐步將學術水平達至世界級數。

「科教興國」這概念原由前領導人鄧小平提出，在文革十年，大學關閉，高考也沒有了，他曾去過新加坡，到過日本，便產生了「科教興國」的構思，希望利用科學和教育建立國家，第一步是要重新開啟高考。但問題陸續浮現了，原來學生水準偏低，大學生只有中學生的程度，中學生亦只有小學生的知識，實在不能接受。另外，從前高考是要領導推薦的，鄧小平認為此舉阻礙了人才發掘，現在重開高考就要廢除這項條件，讓所有的「知青」── 就是知識青年，是對當年接受過教育青年的稱呼，不論上山下鄉有志之士，還是農夫、工廠工人和少數民族，總之不分男女、等級和族羣，全部可以申請高考。這個改革果然吸引了莘莘學子報考，成績優異便能升上大學，大大提升了國內的知識水平。鄧小平之所以大膽進行教育改革，就是因為覺得教育可創造國家的發展空間。

休息反省

休息令人有更多空間思想前面的路，常有人說中年危機，中年代表那人可能在工作上已是管理階層，有上司有下屬，家庭又要照顧兒女父母，擔子重大卻時間金錢有限；久而久之，便會常記掛着各樣責任，事事上心，睡眠質素自然欠佳，影響身心健康，然後感到生命活力慢慢萎縮，害怕對人對事時，便是一個警號要停下來休息。

在這情況下，可遠離城市，走到大自然，享受青葱郊外，觀看漫天彩霞，欣賞月亮星宿，細味萬物悠閒。其實大自然會給我們很多啟示，神學家斯托得（John Stott）寫了一本書《以鳥為師》（*The Birds Our Teachers*），他的爸爸教他觀鳥時要閉口不語，眼觀四面，耳聽八方。漸漸地他從不同的雀鳥身上得到領悟，雲雀的歌聲令他感到喜悅，麻鷹的飛翔使他反省自由，烏鴉的餵食讓他學習信心。我們可以像斯托得一樣，建立生活節奏，實行循環式停頓（periodic pause），暫時與世隔絕，或走進自然，或只聽音樂，或默想思考，持之而恆，定能助你走得更遠。

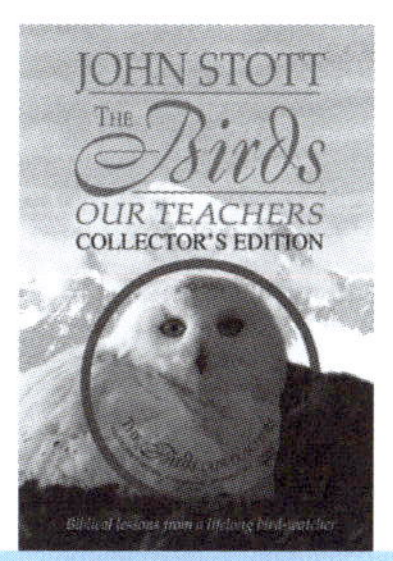

The Birds Our Teachers（圖片來源：Amazon – https://www.logos.com.hk/bf/acms/content.asp?site=logosbf&op=show&type=product&code=962488238X）

筆者有次參加一個退修營，在默想訓練時，浮現出《聖經．詩篇》「我的肺腑是你所造的，我在母腹中，你已覆庇我」，「我未成形的體質，你的眼早已看見了，你所定的日子，我尚未度一日，你都寫在你的冊上了」（139：13,16），想起自己是早產嬰，體弱多病，上帝也看顧照料，此後心境平靜不少，變得不再心急，不再擔心憂慮，好好享受每一天。

除了暫時歇息，有時也需要較長時間的抽離。有位輔導導師曾用牛頓的「運動定律」（Newton's Laws of Motion Review）來比喻悠長假期，力量是相互的（equal and opposite force），如果 A 對 B 施加力量，那麼 B 同樣會對 A 施加相等且相反方向的力量，所以跳動的皮球也要一段時間才能靜止。**因此長時間的壓力必須有長的休息才可再次得力**，當然經濟環境許可，可選擇到外地讀書旅遊，在休憩過程中，能擴闊內在的心靈空間（inner space），把所有煩惱和問題，包括悲痛、創傷、驚恐、擔憂全部整理收拾，慢慢思索分析，漸漸反省生命意義，心靈健康才能重整出發。

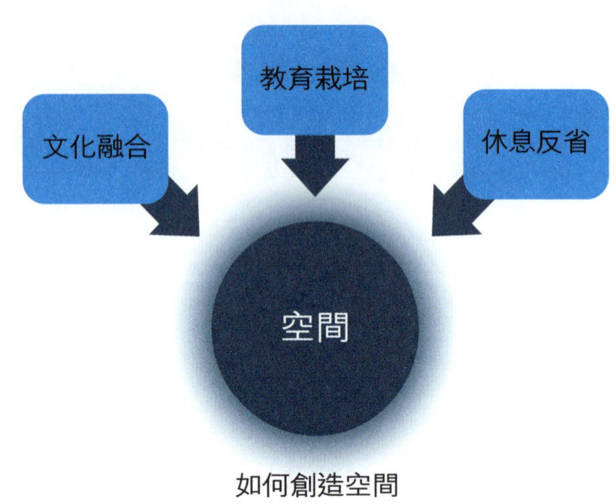

如何創造空間

6.3 但以理的空間

上帝其實給予人類有很大發揮的空間，關鍵是我們懂不懂運用，以下是一個聖經人物但以理的空間故事：

但以理是以色列人，以色列有段時期先後被巴比倫及波斯佔據，巴比倫在統治以色列的時候有一項政策，就是在當地尋找一些有潛質的領袖，聰明、敏銳、俊美、強壯、傑出及學習力強的十多歲青年，把他們擄到巴比倫的首都。巴比倫政府會用三年時間訓練及同化他們，希望教導他們成為巴比倫人，以致日後就可以為國王辦事，穩定社會。

最終十多歲的但以理被揀選，由以色列的耶路撒冷俘虜到巴比倫。從此他的社交羣體變得不再一樣，在家鄉的時候，差不多所有人都相識，不是親戚便是朋友，有很多的支援。奈何去到巴比倫卻沒有多少人可以依靠，所以他唯一方法是要融入巴比倫人的社交空間，否則就只會剩下孤單和失落。除了地理轉移和關係改變，另一樣就是語言不同，因為這些年輕人是被栽培成為宮廷上重要的官員來服侍巴比倫王，所以他們不能夠再用希伯來或以色列方言，要重新學習巴比倫的語言，逐步潛移默化成為巴比倫人，達致效忠的目的。

但以理在整個過程中，很是掙扎，他身為以色列人，如果接受了巴比倫的全部，他就不再是一個以色列人，對不起自己的民族，對不起自己的上帝；所以他就立定心志和這些文化保持距離，劃上界線。例如他不接受巴比倫王分發來的飲食，原因是那些飲食是經過祭祀偶像，一方面不想得罪上帝，另一方面不想因為自己饞嘴貪吃，為了那些美味食物及醇酒佳釀，而討好巴比倫人，希望藉此提醒自己保留以色列人的文化傳統。

但以理在學有所成後便在官場上工作，他遇過不少危機，差點因此而失去性命。有一次巴比倫王出了條難題，希望所有賢能哲士幫他解夢，怎料這條問題實在太難，大家費煞思量也不知道答案。王當然非常忿怒不滿，覺得他們受朝廷俸祿，竟然不能助他排難解憂，必須懲罰誅殺他們。但以理知道這消息後，認為事情發展下去，所有飽學之士都會死去，自己和以色列的同胞也不會幸免於難，所以冒着可能隨時失去性命之險，主動請纓去到巴比倫王面前，解答王的問題。儘管面對冷酷暴戾的巴比倫王，但以理仍處之泰然，一一拆解他的難題，答得頭頭是道；以致王認定這個以色列人，竟然有如此智慧，實是值得欣賞，所以晉升他，領導及管理其他宮員。王愈來愈欣賞但以理，認為他與眾不同，是個很卓越的領袖，有助治理國家，加上但以理做事忠心，沒有過失，所以在朝野聲望很高。當然官場黑暗，他的同僚發現王如此器重他，就設計想害他，幸好最終都安然無恙。

在整個故事當中，但以理作為以色列人，離鄉別井，被迫身處陌生的環境，面對一種異類的文化，仍然可以保持靈性的清心，用智慧面對困難，關鍵何在？原來但以理有個習慣，就是每天三次面向自己的家鄉去尋找動力的來源，當中有祈禱、思考和沉澱，發掘內裏隱含的意義：就是作為一位異鄉人，在這個國破家亡的時代，住在一個不熟悉的地方，要如何自處？如何去面對工作及其他日常事務？但以理擁有兩重身分，他有猶太人血統，卻是巴比倫的官員，表面看似被巴比倫壓縮着他固有的文化、語言及意義空間，實際上他卻是努力地擴充以下的空間。

文化空間

巴比倫王希望改變但以理的身分，將他的名稱改為伯提沙撒，其實改名的原意是要他不再做以色列人，做個真真正正的巴比倫人。但以理名字的意思為「以色列的神是審判者」，而伯提沙撒這個名就是「巴比倫的神是巴比倫王的幫助」，名字意思有別，即完全想將他生命的根源、本質和依歸徹底改變。但以理認為名稱可以不同，但名字的意義可不同，所以他仍然記得自己是誰，會保留自身原有的文化，小心選擇飲食，朝拜自己的神；另外他亦懂得將自己的處事文化帶入職場管理，辦事能幹精明，深得王的信任。原來文化可以互相混合增補，糅合成核心精神不變但更能祝福人的文化，為社會製造更多的美好。

語言空間

以色列人去到巴比倫後不能再用母語，而是要學習巴比倫的語言，以致他們可以融入巴比倫族羣，同化他們，政治上是希望逐步將以色列的羣體瓦解。語言學教授施密德（Monika Schmid）說：「從你開始學習另一種語言的那一刻，兩個語言系統就開始相互競爭」（The minute you start learning another language, the two systems start to compete with each other.）。人離家愈久，母語便會變得愈差。雖然但以理被迫要學習第二語言，但另一方面他會和在巴比倫的以色列同鄉保持緊密聯繫，大家仍然可以用母語溝通，當其他人只懂一種語言時，他們卻可以雙語並行，語言空間不是比從前擴充了？

意義空間

不同人因背景差別而體會到不同的意義，所以應容許人有所選擇。但以理的意義是要彰顯上帝的榮耀，深明服務巴比倫王是職責所在，卻不是要將他封為神來膜拜。故事中提到但以理有個習慣，就是會在自己的居所朝向家鄉方向每天三次跪禱，這種操練有助謹言慎行，就像中國人所言「心靜則清，心清則明，心明則靈」。一個人安靜時，才能在混亂的時代中洞察世情，作出智慧的決定。當他被同僚壓迫誣陷時，每每看見神蹟出現，旁觀者無不嘖嘖稱奇，上帝的大能便藉此宣揚開去。

但以理為人與別不同，他開拓空間來保存自身的文化、語言和意義，無論什麼領域都能拓展更多的空間範圍。香港和但以理時期情況近似，有中西兩種文化，使用中英兩種語言，掙扎於生存和生活意義之間，**究竟我們的心態是以為，香港只剩下有限的空間發揮，還是仍可在有限空間內加以擴充和發揮？實是值得大家深思。**

6.4 總結

突破機構有個初創實驗空間，名叫 Trial and Error Lab，是一個容許失敗的地方。在這共享辦公室工作，參加者要付出租金租一張枱工作，中心亦會有導師指導他們如何建立品牌，如何宣傳產品，如何管理等技巧。所謂「台上一分鐘，台下十年功」，過程中雖有灰心沮喪的時候，但亦容許人有機會作出更多的嘗試，尋覓更多的出路。

空間的意義就如 Trial and Error Lab 一樣，是要人發展成長、培育創意及建立關係，故此，空間對於塑造人的價值觀有莫大幫助。當一個人在成長路上看到自己能有空間改進時，日後亦會願意留空間給其他人去改善，如同學校會容許學生犯錯，公司對實習生出亂子也較為寬容。有時環境在各方面的收窄和限制，或會令我們感到迷惘，感到壅閉窒息，但就像魯迅先生所言「路都是走出來」的，**空間也是可創造出來的。**

延伸思考

1. 空間有什麼重要？

2. 有什麼因素阻礙了空間發展？

3. 如何創造更多空間？

4. 心理的管道視野（tunnel vision）怎樣可以拉闊？

5. 人際空間可以怎樣創造呢？

6. 物理空間、心理空間或是文化空間，哪一種對你來說最重要？

7. 經濟空間、政治空間和互聯網空間，對你來說哪一種是不可缺少？

8. 為什麼但以理這個聖經人物，在極權的管治下仍能創造自己人生的空間？

Curran, Thomas, and Hill, Andrew P.(2019). Perfectionism is increasing over time: A meta-analysis of birth cohort differences from 1989 to 2016. *Psychological Bulletin, 145*(4), 410-429.

Hardach, Sophie(2018, June 8). *Can you lose your native language?* Retrieved from: https://www.bbc.com/future/article/20180606-can-you-lose-your-native-language

Parks, Sarah et al.(2017). *Report of the Task Force on the Review of the Research Grants Council(Phase I)*. Retrieved from: https://www.ugc.edu.hk/doc/eng/ugc/publication/report/report20170921/full.pdf

Shannon and Weaver Model of Communication. Communicationtheory.org. Retrieved from: https://www.communicationtheory.org/shannon-and-weaver-model-of-communication/

Shoot, Brittany(2019). *Immigrants founded nearly half of 2018's Fortune 100 companies, new data analysis shows*. Retrieved from: https://fortune.com/2019/01/15/immigrants-founded-half-fortune-500-companies/

Stott, John(2001). *The Birds Our Teachers: Biblical lessons from a lifelong bird watcher*. Grand Rapids: Baker Books.(中譯本：宗教教育中心翻譯組譯(2000)。《以鳥為師：從觀鳥領悟聖經道理》。香港：宗教教育中心。)

Khan Academy. *What is Newton's third law?* Retrieved from: https://www.khanacademy.org/science/physics/forces-newtons-laws/newtons-laws-of-motion/a/what-is-newtons-third-law

王月眉(2021年1月19日)。〈就業難催生考研熱：「被困住」的中國大學生〉。《紐約時報中文網》。https://cn.nytimes.com/business/20210119/china-graduate-school-white-collar/zh-hant/

余秋雨(1995)。《山居筆記》。台北：爾雅出版社有限公司。

信諾環球(2021年6月7日)。〈信諾調查顯示香港人對未來感到疑惑繼續成為壓力主因〉。https://www.cigna.com.hk/iwov-resources/docs/zh-hant/about-cigna/news/Press-release_Cigna-COVID-19-Global-Impact-Study_2020_HK_Fifth-Wave_CN.pdf

單仲偕（2001 年 6 月）。〈數碼城市充滿隔閡〉。《信報》。https://cyberable.swd.gov.hk/tc/research_3.html

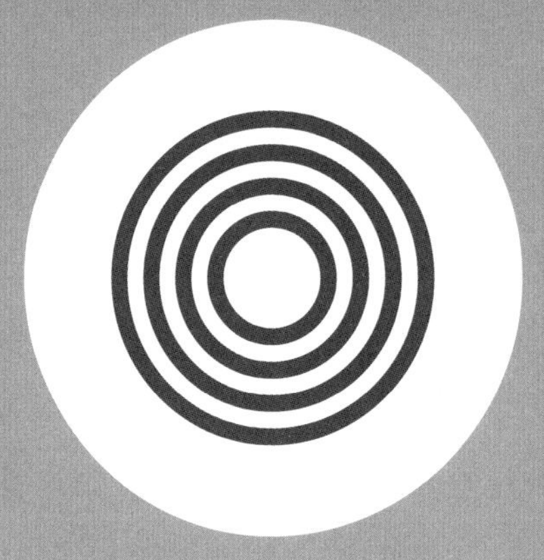

第七章 目標

Goal

外在環境或許不能盡如人意，

但重要是內心，

內心的強大也有助達到理想。

有些人做事就是來來回回裹足不前，不敢踏出第一步；有一類人只空想往某處去，卻又不知道如何去。人生總會有大大小小不同目標，過程中會經歷數之不盡的困難，究竟怎樣前行才不枉此生？若大家曾在遠足途中迷路，身處密林野地當中，最重要是冷靜地分析三條問題：要往哪裏去？現在身處何方？如何才能到達？

目標的構成關鍵

7.1 要往哪裏去？

設定目標後，首先要了解有什麼是不可改變，什麼可以改變，什麼情況可以互相配合，即所謂審時度勢，量力而行。

青山依舊在，不變的事實

世界其實充滿沒法改變的事情，正如物質秩序，有其科學定律和自然法則；又或是時間秩序，時代永遠交替，壽命必有限期；也有關係秩序，父子有親，長幼有序，你不可以選擇你的長輩親戚，也不可以揀選你的家人子女。

文學家老舍筆下的戲劇《茶館》，就是描寫茶館老闆在改朝換代的洪流中怎樣掙扎生存，如何在清末、民初、共和三段時期艱苦經營茶館。江山易主已是事實，他沒辦法阻止改變，只能看着皇朝破碎，清朝覆亡，接着進入民初年代，臨時大總統孫中山即位不久，國家又陷入軍閥混亂時期和國共內戰，新中國隨之成立。茶館老闆在生活上好像永遠都只能走在時代的末端，不能擔當前瞻者和開創者角色，最終還是擋不住衰敗的結局。

中川政七商店（圖片來源：中川政七商店網頁 – https://www.nakagawa-masashichi.jp/staffblog/store/s158173/）

風起雲湧，朝代更替是不變的歷史現象，應用什麼態度去面對呢？日本奈良的中川政七商店，創業於 1716 年，以傳統手工麻織品起家，經歷三百多年的歲月，漸漸由麻製品，演變成生活雜貨店，更擁有不少海外寄售點。商店結合了創新設計元素，旗下品牌眾多，包括紡織品、服飾、生活家具、禮物手信等。現任社長中川淳認為，顧客不只是看物品本身的質素，還對其歷史背景及理念有所共鳴，才會花錢購買。商店既想保留傳統工藝，又要面對時代發展，為了生存，糅合傳統和創新，打造品牌；便慢慢開拓出自家的 SPA（Speciality Retailer of Private Label Apparel），一條龍的垂直整合銷售模式，建立與顧客的共同價值觀。

所謂「聖人轉心不轉境」，所以路不轉便要人轉，心理上要接受現實和感恩所擁有的，才能冷靜地思索前面路向。

白衣蒼狗幾千回，變幻的環境

改變可分為根本性的（fundamental change）、結構性的（structural change）和連根拔起的（radical change），社會城市的變遷一定包括上述三者。作家龍應台曾在德國居住，她發現歐洲很多地方其實幾百年來都沒有太大變化。相反香港幾天內便會有所不同，無論在轉變速度（speed of change）、轉變力度（momentum of change）、轉變幅度（amplitude of change）、轉變頻率（frequency of change）和轉變節奏

(rhythm of change)，香港都是世界上出名急速。北京同樣發展迅速，什麼都是經濟掛帥，市內有很多胡同被迫清拆，昔日古樸風韻俱往矣，只剩下仿古街、紫禁城、長城等的旅遊景點，有些市民一下子也適應不來，總是懷緬過去歲月。

城市轉變又急又快，資訊氾濫可能更令人吃不消。人類從前生活在農業社會，靠地土生產；後來走進工業模式，依賴機器生產；美國人亨利・福特（Henry Ford）開創了生產線（assembly line）模式，當中每位工人也能參與加工程序；隨後的工作變化是要懂得和電腦溝通，帶來的影響就是進入資訊時代（information age），處理資料比處理機器事項還要多；慢慢互聯網興起，令全球訊息連結起來；現在的5G技術更能將機器、大數據及資訊聯繫，重新定義了人類社會、權力和經濟界限，每一個單元都有其智慧，每個人，甚至每部機器也有自己的思維，例如汽車竟然也能有自主學習能力及判斷，變成了無人駕駛車。

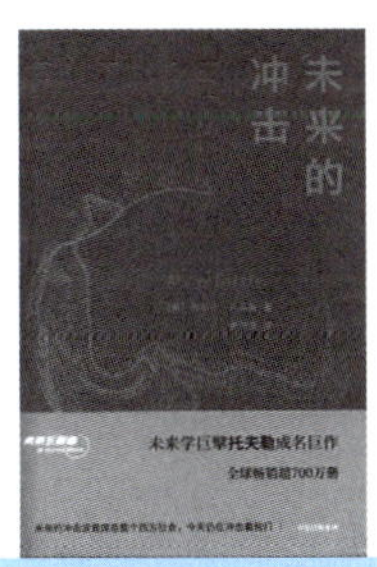

《未來的衝擊》（圖片來源：博客來）

《未來的衝擊》(*Future Shock*)一書作者認為當社會消息滿佈，充滿了排山倒海的內容，這些不知是真是假的資訊，實在使人眼花撩亂，每一刻都衝擊着我們的認知能力，心靈脆弱者往往因此會陷入惶惑和焦慮中。

雖然變幻是永恆的，帶出來的問題有時亦令人沮喪，無所適從，但這也表示人類其實可參與當中的秩序調整，對社會文化有導向性改變。**人應該要思想怎樣做一個「原地過渡人」(transitioner)，才能積極地，正面地生活下去。**

暮鐘遠近聲互動，互動的藝術

人的生活不能避免要和外在環境互動，社會不斷演進，人也需作出適時配合。例如昔日真空管擴音器(vacuum tube amplifier)頗為流行，它其實是一種古舊設計，原理是使用真空管來放大聲音；可惜它壽命短、耗電高、效率又低，現今表演界別也不多使用，只有一些愛好者認為真空管仍能使音樂增添有趣效果，才會繼續購買，取而代之是半導體(semiconductor)擴音器。引伸開來，**隨着時代步伐，有些行業知識會沒落，那麼當初所訂的目標便會變得不合時宜。**

人與人之間互動也隨環境變得有所不同，從前媒體有限，報章選擇不多，電台廣播要到鄰居家中收聽，電視當然不是戶戶擁有，更莫說大家可用電話溝通。但今天世界充滿社交媒體，當中又需要我們互動回應，試試三天不回答老闆的電話訊息，你大有可能會被辭退了！現今社會好像比以往更需要人與人之間交流，故此目標不能單靠一人之力便可達成，是要與其他人合作，正如談戀愛也需兩人互動才有機會修成正果。

不過與外界互動中也要有界線，需講求道德秩序。Nexus Forum 這個機構，就是西方國家的精英智庫，當中的成員來自西班牙、葡萄牙、德國、法國、英國和美國等，各國都曾是帝國，曾是霸權，在世界各洲成立過殖民地，這種互動在道德上其實很有問題。可見人類是需有道德框架，才不會做出損人的行為。有些人認為愛心是很重要的，因為社會沒有互相幫助，愛心只是空談；另有些人說團隊精神很重要，因為社會需要人與人互補不足；有些有心人甚至明知自己理虧，也會捨己為人。這種種互動超越了動物本能，散發出人類獨有之高貴氣質。

不論如何，**外面的境況和一己目標是相互連繫的，不能一成不變，必須有所調整**；此外，每人也有自己認為永恆的價值觀（eternal value），產生出有深度、有跨越、有忍耐和犧牲精神，透過彼此交流分享，便會得出有美感、有品味、有風格的創作或成果來建構社會羣體。

7.2 現在身處何方？

學習明瞭自己身處的位置才能訂出正確的目標。正如生長在野外的三文魚到了交配季節會逆流而上，牠們要游回出生地繁衍後代，儘管路途漫長艱險，但牠們仍舊奮力前往，因為牠們明白自己作為三文魚的價值和位置，故務必在生命結束前完成繁殖這目標。

全世界有超過一百個國家簽了《世界人權宣言》（*Universal Declaration of Human Right*），當中說明人不可以因為膚色、國籍、種族、經濟等被歧視，表面看似非常平等，但有一樣東西在宣言中沒有提及，就是年齡，誰可以替未來的世代說話？上一代可否取用應留給這一代的資源？而這一代又能否剝奪下一代的權利？這個跨代權益（inter-generational right）問題實是值得深思商榷。

在美國有對醫生夫婦，太太在懷孕期間發現自己患了癌症，如果服了抗癌藥，腹中胎兒多數會死亡；如果不治療，她又有極大機會逝世。太太詢問了丈夫、親人和朋友，基本上都叫她先治療，痊癒後便再有機會懷孕，然而，她發現身邊沒有一個人為了這位未出生的嬰兒說話。社會常說關懷有需要人士，保護那些軟弱的，照顧被忽略的，可是，諷刺的是這一刻卻沒有人替嬰孩發聲。最後這位太太決定接受生產手術。她買了一部錄影機，記下一些片段留給長大後的寶寶看，告訴孩兒：「我是你媽媽，真的愛你，即使我因不吃藥而離世，也希望你誕生……」，嬰兒出世後四個月，便參加了媽媽的喪禮。儘管有些人不認同這位母親的決定，但她的目標非常清晰，就是為了不能發聲的寶寶爭取出生的權益，她知道自己位置就是要保護孩兒，令他存活下來，創造屬於他自己的人生。

7.3 如何才能到達？

要達到最終目標，就要經過一連串的過程，過程當中又有不同的小目標，目標之間要不斷檢討調整，才能堅持下去。

作家 Arthur Gordon 在美國鄉郊出生，長大後去了大城市紐約工作，他起初在紐約人生路不熟，有空便會靜靜坐在紐約中央公園餵白鴿。那時未有互聯網，他想成為作家及編輯，思想如果能把全世界雜誌中的優秀文章結集成書，未嘗不是一個好主意。後來有人提議他找國際商業機器公司（IBM）的創辦人 Thomas J. Watson 請教，吸收成功人士的智慧理念。IBM 那時已經甚具規模，但 Arthur 竟然不知 IBM 是什麼公司，於是從黃頁分類尋找 IBM 的電話，告知職員來電原因，Arthur Gordon 說：「我想去尋求 Thomas J. Watson 先生的寶貴意見，請他到中央公園對面的攤檔吃午飯。」但 Thomas 秘書說由於老闆很是忙碌，提議到他來公司頂樓吃飯。

約會那天他去到一個辦公室，地氈厚實，之後又被帶到一個極寬敞的地方，正當他以為弄錯時，Thomas 就在他面前出現，並説：「年青人，我可以為你做什麼？」Arthur 表明來意，怎知 Thomas 召他的秘書把紐約所有的雜誌都給 Arthur 一份。但 Arthur 仍是愁眉苦臉，問另一問題：「我的文章如何能成功登出不被退稿呢？」Thomas 説：「若你想快點成功，必先加倍你失敗的次數，因為成功是在失敗的遠方。」（If you want to be successful faster, you must double your rate of failure. Success lies on the far side of failure.）要是 Arthur 每一次退稿都堅持探究原因，逐步改進，那麼當退稿數量快到達天花板位置時，成功在望。

7.4 尼希米的民族目標

基督教的《聖經》中有一位人物也很有目標，他就是尼希米。

假若你去外地工作了一段時間，生活逐漸穩定下來，一天你遇到一位剛從香港來的同鄉，你可能會問他香港的情況；對方或許會説香港因為疫情百業蕭條，很多人失業，整個社會瀰漫着陰沉氣氛，政府的幫助又有如杯水車薪，非常有限，你身在異邦，會如何回應呢？

尼希米是以色列人，以色列被巴比倫攻佔後，波斯又滅了巴比倫，波斯的政策是將不同族羣遣返其國家或原居地，有些人或會被安排一官半職，治理當地。尼希米本在波斯王朝裏擔任酒政，酒政日常的工作，是要管理王的飲食，防止仇敵下毒，是王所信任的人，所以王也非常喜歡尼希米。一天尼希米遇到同鄉，查詢以色列的狀況，那人說百姓生活悲涼，昔日王國的城牆已倒塌，城門又被燒毀，其他人都淩辱以色列人。尼希米聽後當然很是難過，黯然落淚，他禱告上帝饒恕他們昔日過犯，並求祂幫助以色列地區的修復重建。

一天，尼希米愁眉不展地為波斯王侍酒，王很是擔心，詢問他發生了什麼事，尼希米講述了其家鄉的情況，並求王批准他回去，重建以色列。波斯王允許後，他回到以色列的第一件事就是要去視察環境，所到之地都是被拆毀和被焚燒的痕跡，當中還看到人民意志非常低落，尼希米實是相當痛心。他便和一些領袖商議重建城牆，希望復興耶路撒冷。事情當然沒有這般順利，其他族羣的人會嗤笑以色列人，嘲諷地說輕如一隻狐狸踏上他們所修造的城牆，也會崩潰倒塌，更甚是有人會用奸計挑戰擾亂他們的重建計劃。

但尼希米沒有放棄，他做了兩件事情，首要是禱告，因為事情困難，實在需要上帝指引幫助，給予智慧去管理。尼希米呼籲一半人建造，另一半人拿武器防衛，敵人便不敢前來欺負他們；他又善於分工，將不同人分配在監督、服待、聯絡等崗位上，達致事半功倍的果效。另外他亦做好榜樣，親力親為，甚至會走到前線當中，了解進度和鼓勵士氣，假若看到同鄉灰心喪志，就會多加激勵，一齊努力，為自己的家園奮鬥。

雖然城牆建好了，有了實質的建設，但人心卻未能建設起來，他發現原來真正要建立一個地方，是要城市和人心轉化，推行以人為本的工程計劃。他一方面召集貴族、官長和百姓登記家譜，聚集金錢、知識和人力；另一方面也深知整個社會需要有文化、素質、團結才能維持下去，他找了以色列當中一些祭司，重建制度和禮儀，希望重塑猶太民族應有的民族精神。此外，尼希米從歷史脈絡明白「防人之心不可無」的道理，有些人只會破壞核心價值，於是他建立律法，限制以色列人與敵人交往。

尼希米在整件事情當中有三個目標。他的第一目標當然是「**重建家園**」，選擇了孔子所言的「知其不可為而為之」；物理學有個名詞叫 inertia（慣性），尼希米離開了對他信任有加的王，熟悉的波斯，安逸生活，薪高糧準的政府工，回去重建耶路撒冷，是要克服很大的慣性。因着責任感和使命感，他看見族羣需要，挺身而出，即使知道這件事困難重重，會遇到很大挑戰，但只要認為有意義，也會繼續去做。

第二目標是「**尋覓曙光**」，探索實踐的機會，當人覺得事情複雜，看似根本沒有可能應付的時候，便會退縮，荀子有云：「不登高山，不知天之高也；不臨深溪，不知地之厚也。」（《勸學》），意思是人一天不登上那個山，也不知道天有多高；不落溪中，你不會知道水有多深。所以有些事情是要到探索的時候，才會發現曙光，看見情況也不是那麼糟透，是可以前行推進的。尼希米沒有灰心，在重建之前，他走到以色列實地考察，了解那地方及城牆狀況，懂得帶領羣眾，分配資源，儘管問題處處，仍相信重建是可以成功的。

第三目標是「**與神同行**」，中國人常説天時、地利及人和。一般認為地利人和是可以人為創造，但天時就只能看天意，孔子曰：「道之將行也與，命也！道之將廢也與，命也！」（《論語・憲問》）有些事情處理失當或徹底失敗，是天命來的，即使人如何嘗試扭轉，也無補於事。尼希米知道天時的重要，他對上帝卻另有看法，認為可以將對世界的看法和上帝互動溝通，得到啟迪後才進行計劃。換句説話，尼希米不是只憑一己之力行事，而是先尋求上帝提示和配合。只要心存敬畏，明白上帝才是主宰，所有事情便不會消極地認為是命定；反而相信當中會帶來變化和轉機，只要和上帝溝通良好，無論天時、地利及人和也可以彼此協調，此實為非一般的世界觀念。

所以當我們説到目標時，不要只思想短期、中期及長期，又或者只確立目標層次為高、中和低，而是要**先了解自己內心所思所想，原來人的品格思維，是會陶造出我們立定一個怎樣的目標，而這目標又可能會影響世人的福祉**。身為猶太人的尼希米因着憂國憂民的品格，知道目標應放在那裏，而身處的官位權力亦有助以色列重建，用行動逐步探索了解當中的景況，再去勾劃前進的路線圖。

7.5 目標在於起跑線？

際遇和思維有時會影響人的意志，究竟要放棄，還是要堅持目標？相信讀者也聽過「馬斯洛需求層次」理論（Maslow's Hierarchy of Needs），它由最基本到最高層次的需求分別為生理需求、安全需求、社交需求、尊嚴需求和自我實現需求。若果人在生理和安全環境上得不到保障，漸漸便會不再信任社會，不會表露個人思想，不敢與人深交，可能最終會自暴自棄，滯留在這層次的目標，只會尋找滿足感和安全感。反之，當人在身處的社會感到溫暖和受到尊重時，自然會思考更長遠的計劃，積極地發掘一些東西來維持或提升自己。至於自我實現就是最高層次的需求，若基本的四項層次都沒有缺欠，便會慢慢衍生出至高人生境界的目標，發揮內在潛能。

其實孟母三遷的故事，已顯示古人相信環境對人生有所影響，有其塑造的力量。曹誠淵是香港著名的舞蹈家，生於小康家庭，父親是商人，經營製衣工業，家人希望曹誠淵工商管理畢業後打理家族生意。但他卻邀請親戚代勞，自己專心籌辦「城市當代舞蹈團」，最初地址是在家族製衣工廠的員工宿舍天台，後來宿舍成為天虹中小學暨幼稚園校舍。經過多年發展，舞蹈不但逐漸在香港普及，他還衝出香港，在內地及世界各地任教和成立舞蹈團。可以想像，他的故事好像「馬斯洛需求層次」理論所言，若基本條件不容許，親人缺乏諒解支持，曹誠淵的舞蹈夢便會荊棘滿途，甚或不能盡展所長，目標夢碎。

然而，凡事不是絕對，筆者家境並不富裕，未足月出生，年幼多病，即使小學時期也經常因病不能上課，結果要留班重讀，但在母親悉心教導下，也能追上進度。中學時期，又因為身體不適，做手術而影響學業，感恩公開試成績足以讓筆者考入香港大學。作為基督徒，實不希望只停留在參加團契，讀經和唱詩歌等活動，筆者因此參加了社會事務和成為理學會會長。大學最初兩年成績普通，畢業時獲二級榮譽，不過因多為同學服務，最後竟然收到校長的表揚信，獲讚賞為傑出畢業生。就是因着那封信的幫助，筆者可以成功在美國入讀電影學系及神學。回香港後，有感媒體對社會影響深遠，所以目標是希望在突破機構成立影音部。當時機構只有一個細小空間，不多的器材及資源，還要在教會借用管風琴去做音響效果，實在萬事起頭難。經過年月洗禮，突破機構拍了《亞太新人類》，此片不但可賣埠到其他國家，更獲得紐約國際電影電視節優異獎。雖然筆者年幼在生理和安全的層次上有所缺欠，但最終也可以有自己的理想和目標，所以**外在環境或許不能盡如人意，但重要是內心，內心的強大也有助達到理想**。

7.6 人生可有另類選擇？

要是遠足行山，出發前心中通常會有一個目的，那可能只想親親大自然，舒舒服服享受一天；有人則想鍛煉心肺功能，運動強身；更有人其實想挑戰個人極限，專挑陡峭山路。因為目的有別，選擇的路徑也不相同。可惜有時天氣不似預期，風雲變色；又或是山道崎嶇難行，大失預算。所以現實是即使你知道前往方向，了解自己身處的位置，又曉得行程路線，最後卻未必能到達最初預想目的地。面對突如其來的困局，我們可否有另類選擇？

作家兼記者蓋爾·希伊（Gail Sheehy）所寫的 *Passages: Predictable Crises of Adult Life* 是一本研究成人生命階梯的書籍。20 歲出頭又剛出來社會工作的青年，可能會隨意找份工作，一做便是十年，期間或會懷疑究竟我是誰？我的興趣是什麼？到了 30 歲，又會疑惑我就這樣完了一生嗎？要不要轉換工作？去到中年 40 歲時，可能又會想到現在不變，將來就沒有機會改變了，這個階段是人生的眺望點（vantage point），有足夠的視野回望過去及展望將來，可以說是最後機會來一個突破，否則到了 50 或 60 歲就很難再改動了。另一位心理學家 Daniel Levinson 寫了 *The Seasons of A Man's Life*，也有類似的概念，他說人有人生四季，當人步入 40 歲之後，有時候會感到許多夢想是不可能達成，例如運動員也許到退役也不曾獲得獎牌，演員或者一生也沒有演出過一個重要角色。

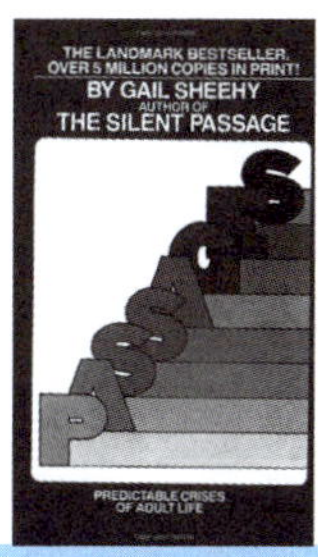

Passages: Predictable Crises of Adult Life（圖片來源：Amazon）

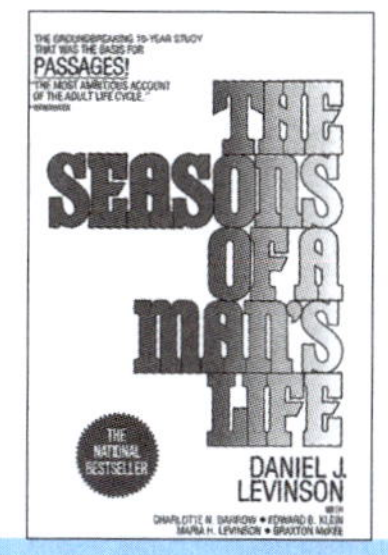

The Seasons of A Man's Life（圖片來源：Amazon）

再用現實的處境思想，香港人喜歡選擇移民英、美、澳、紐、加等國家，多數家庭原意是盼望子女有更多活動空間，更完善的學習環境。但「到處楊梅一樣花」，每個地方也有其自身問題，好像紐西蘭山明水秀，空氣清新，看似是與世無爭的理想家園，但原來紐西蘭有地震之餘又會有山火水災，人間淨土也不是你想像的美麗新世界。當了解現實與目標有所距離，可能就應該調整心裏的方向。

帕克・帕爾默（Parker Palmer）1939 年生於美國，從二十來歲起他便不斷思想四個主題：整全生命、羣體意義、改變生命的教與學、用非暴力方法改變社會。後來他投身出版事業，做了編輯，一天他感到寫作比編輯更有喜樂，於是他做了作家，寫了有關上述四個課題的書籍。我們經常會遇到很多矛盾的情況，好像只能二選其一，作出取捨。但柏爾默常用悖論（paradox）的角度來看生命，他認為人其實應放棄「二擇其一」（either-or）的立場，而要採納「兩者共存」（both-and）的思維來面對人生。**若人類能忍耐及堅持，擁抱兩極，承受矛盾張力所帶來的壓迫，生命就會更上一層樓。**

北宋畫家郭熙認為山水畫有「三遠」，分別是高遠、深遠和平遠，即是仰視、俯視和平視三種視覺，「高遠者明瞭」：仰望山峰的宏偉，「深遠者細碎」：俯瞰山勢的深度，尋索溪流的脈絡，「平遠者沖淡」：橫視由近山眺望遠山。每當目標不似預期時，可否整理一下，採用不同角度方法處理事情，與矛盾共存，一樣可以創造出獨一無二的佳作。

7.7 總結

有人說建設未來目標要由言語開始，言語不單可用來溝通（communication），更是代表文化，啟發創造（creation），筆者同樣認為它與建立目標有着莫大關係。我們都是平凡人，生活上充滿大大小小的目標，有首要、次要、再次要的，家庭、教育、經濟環境等有時又會衝擊着你，所以人生好像要不斷作出選擇。既然如此，如何去了解自己，如何去分析周圍變與不變的因素，如何互動配合，實需用言語維繫；語言也拉近人與人之間距離，縮短人與外圍的差異，假若協調得宜，就像一把鑰匙般能開啟光明的大門，填補工作和社會上的欠缺，相得益彰。

延伸思考

1. 沒有目標的人好像什麼？會有什麼結果？

2. 如果一天你發現自己的目標變了，人生的旅程會變成怎樣？

3. 如果你發現自己的目標未變，但外在的環境變了，例如那個山會移動的，怎辦？

4. 如果有一天你發現自己也變了，怎樣建立新的目標？怎樣適應新的環境？

5. 什麼東西是不可以改變的，是很重要的？

6. 目標與態度有何關係？

7. 人怎樣與「秩序」相處？

8. 人生目標要怎樣建立？人生目標是怎樣消逝的？

9. 尼希米這個聖經人物，他的目標是個人的抑或羣體的？他怎樣與民族一起建立共同的集體目標？

參考閱讀

Levinson, Daniel（1986）. *The Seasons of A Man's Life: The Groundbreaking 10-Year Study That Was the Basis for Passages!*. Reissue edition. Verlag: Ballantine Books.

McLeod, Saul（2020）. Maslow's Hierarchy of Needs. *Simply Psychology*. Retrieved from: https://www.simplypsychology.org/maslow.html

Sheehy, Gail（1976）. *Passages: Predictable Crises of Adult Life*. N. Y.: Bantam Books.

Tracy, Brian（2013）. Double your rate of failure. *Your Favorite Milk*. Retrieved from: https://yourfavoritemilk.wordpress.com/2013/12/09/double-your-rate-of-failure/

Toffler, Alvin（1971）. *Future Shock*. N. Y.: Bantam Books.（中譯本：黃明堅譯（2018）:《未來的衝擊》。北京：中信出版社。）

中川政七著，雷鎮興譯（2019）。《讓日本工藝走入下一個百年的設計經營術》。台北：行人文化實驗室。

仁美書畫（2018）。〈中國山水畫的特殊透視法：三遠法〉。《雪花新聞》。https://www.xuehua.us/a/5eb5c44786ec4d2aadd67d49?lang=zh-tw

老舍（2010）。《茶館》。海口：南海出版公司。

林國彬（2011）:〈弔詭的應許 —— 帕克・帕爾默的生命主題〉。《基道閱讀》年總第四十八期。https://christianbook.com.hk/2011/01/01/%E5%BC%94%E8%A9%AD%E7%9A%84%E6%87%89%E8%A8%B1%E2%94%80%E2%94%80%E5%B8%95%E5%85%8B%EF%BC%8E%E5%B8%95%E7%88%BE%E9%BB%98%E7%9A%84%E7%94%9F%E5%91%BD%E4%B8%BB%E9%A1%8C/

許莉霞（2019 年 4 月 19 日）:〈【CCDC 四十年】曹誠淵　由製衣廠宿舍天台説起〉。《明報周刊・藝文》。https://www.mpweekly.com/culture/%e6%9b%b9%e8%aa%a0%e6%b7%b5-ccdc-%e8%88%9e%e8%b9%88-109143

第八章 逆境韌力

Resilience

我們現正經歷一個根本性時代的轉變，
以往可能習慣了如何去處理一些增量改變，
但現在卻要學習如何去應付一些根本上的改變，
在逆境尋找韌力，開拓出真正的出路。

當我們提起逆境韌力的時候，大家會聯想到什麼人或公司呢？常聽人説現在是 VUCA world，VUCA 即表示易變性（volatility），不確定性（uncertainty），複雜性（complexity）和模糊性（ambiguity），這個詞本身是軍事用語，但現在於社會上也普遍使用。在 VUCA 的觀念裏，經常提到逆境韌力。許多人聽到逆境韌力，就會想起反彈（bounce back），但究竟反彈到什麼地步才算是合適？或許我們可以從個人、公司，以至城市和國家層面去探索這些問題。

8.1 何時需要逆境韌力

在個人層面上，需要時刻具備逆境韌力的主要有三類人：第一種是和職業有關，他們通常需要持續地保持這種精神，例如緊急前線人員（first responders）就屬於這類別，當中包括醫務人員、警察、消防員和軍人等，他們的工作崗位常涉及性命安危，隨時隨地都要面對逆境壓力。第二種是個人經歷了天災悲劇或者大型創傷，好像種族滅絕、大地震、巨風蹂躪等，也可能經歷了各種意外引致的身體殘障缺陷。第三種就是一般人，我們平日經常會遇到各種生活壓力，包括失業、失婚、失戀或失去家人，這些情況都需要逆境韌力。

如從公司、城市和國家層面來看，亦需要運用逆境韌力，例如公司會面對經濟危機，城市或者國家也會面對戰爭、傳染病和自然災害等。

所以人們不禁問，一個地方的逆境韌力可以達到什麼地步呢？在 2020 年 1、2 月時，全球開始出現新冠疫情，為免感染，要保持人和人之間的距離，很多公司也會選擇讓員工暫時在家工作，人們出外要戴口罩，當時我們心想很快就可以回復以往的生活模式。但過了一段日子後，人通常出現兩種心態，有些人開始覺得必須接受現實，承認不太可能回到從前，需要面對一個新常態；部分人或許要再遲一點才肯接受這種境況。所以當我們說反彈，就是說當逆境已到某一階段或狀態時，還可以保留或恢復什麼？而另一方面，**既然無法重返原地，要接受一個新形勢的同時，又願意放棄什麼呢？**

不管緬懷舊有的生活，還是面對新常態，都要有逆境韌力才能走下去，所以人確實要考量必須**保留什麼**和可以**放棄什麼**，還要思量**做點什麼令未來變得更好。**

以下是一些情況，都需要運用反彈力和逆境韌力，在無法恢復以往狀況下，你可以放棄什麼？什麼是你認為必須保留的東西？舉個例子，在困境之前，我是位處某一個生活水平的，遇到了困境之後，就算我回不到先前的生活水平，甚至是差過從前，我都覺得不打緊；但相反，我認為必須回到從前的生活水平，當我要去面對及思考逆境韌力的時候，就要通過不斷努力，使用不同的方法，創意地靈活地都要令自己重回從前的水平，甚至要達到更美好的生活。

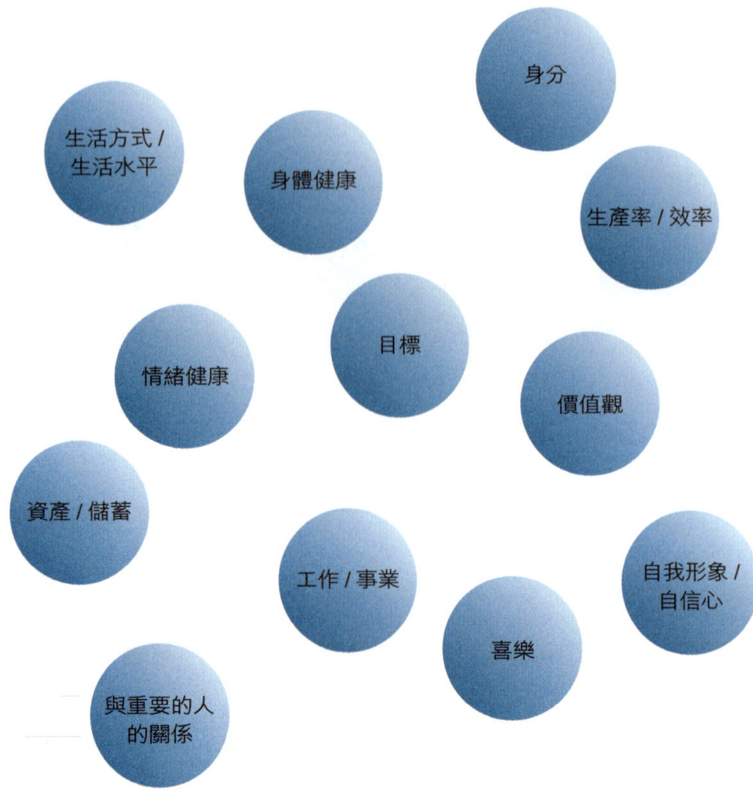

或許有人會覺得身體健康最重要，沒有健壯的體魄什麼也不能作，但現實是上述答案人人不同，有人會揀選喜樂、價值觀、身分或者目標；但亦有人會選擇資產 / 儲蓄或工作 / 事業；部分人認為一些原則是不可放棄的，無論如何也需要持守，不過有些則認為隨着環境變化，昔日看似重要的東西也許可以犧牲。原來運用逆境韌力時也要有許多不同的考慮。

不同考慮，反映出人們面對逆境的看法，和個人怎樣理解「逆境」，還有就是你如何去詮釋「價值觀」，如何去面對「目標」，三者同樣有所關聯。這個習作就是希望大家思考，當我們面對困難時有機會碰到的問題，一些人説現在的世代是個充滿危機的世代，確實危機是不會停下來的，我們該如何自處呢？

至於問到「什麼令未來變得更好」，那就是在這個新常態之下，要怎麼樣才可變得更為美善呢？**即使我們處身困難當中，拒絕停滯不前，不只要回復從前的情況，還希望更上一層樓，藉着逆境難關創造出第二個勝利的曲線人生。**如果是這樣，這個第二曲線人生最需要的是什麼？新情況是否代表着我的目標？是否呼應着我的價值觀？

8.2 逆境韌力就是——

説到逆境韌力的定義解釋，不得不提 Jennifer Eggers 和 Cynthia Barlow 兩位作者，他們都是資深培訓及管理顧問，曾合著了一本書：*Resilience: It's Not About Bouncing Back*，當中提到這個時代很多時沒有回彈的地步（There is no back to bounce to）。因為現在這個世代變得太快了，人永遠都不太可能返回逆境前的狀況，所以兩位作者提出飛躍未來（bounce forward）這個概念：他們心目中的繼續前進就是要更上一層樓，比之前更有活力，更加明白世情，更懂認識自己，安排生活日程有優先次序，深入想清楚一生要追求什麼，這就是 bounce forward。

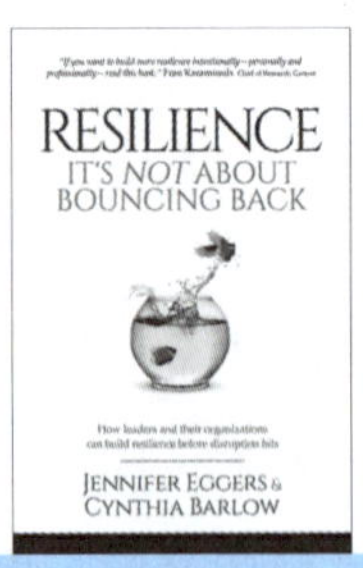

Resilience: it's Not About Bouncing Back
（圖片來源：Amazon）

除此之外，有學者提出另一個定義，是借用環境生態系統（eco system）觀念，「逆境韌力」這個字不限於個人、機構或者城市，甚至可用於整個地球，即一個有韌力的地球（resilient earth）和一個有韌力的生態系統（resilient ecosystem）。當說到有韌力的生態系統時，Brian Walker 等學者在 2004 年就有這種界定：一個系統既能保留本身的架構、功能、身分及反應的同時，亦有能力承載轉變帶來之衝擊。

雖然不是人人都同意上述概念，但這概念最主要想說明，無論生態系統，還是個人、機構、團體或國家等單位，逆境韌力就是無論什麼逆境下，你還是你，本質的命定很多時是不會轉變的。本質，就如身分，不過身分從來都不是容易回答的題目，個人身分可能比較清晰，工作的身分例如工程師和老師等，家庭身分如父母的兒女或某某的配偶；但從機構和國家層面來說，在轉變中仍保留本身的身分，這個身分代表的是什麼？可能要一番討論才有結論。

8.3 兩個根基

《哈佛商業評論》（*Harvard Business Review*）的資深編輯 Diane Coutu 在 2002 年時就寫過一篇文章，名為“How resilience works”。

作者提到有逆境韌力的人，包含了兩個特點，第一是他們會**堅定地面對現實**；第二是**對生命本身是有價值及意義這一點深信不疑**，而這種思維是建基於一個穩固紮實的價值觀。Diane 說如果一個人擁有這兩種特徵，理論上已能夠從逆境中捲土重來（bounce back）。

堅定地面對現實

逆境韌力與樂觀並不一樣，很多人以為逆境韌力是代表我無論有多悽慘、多困苦，都可以樂觀地面對。但從 Diane 的角度來說並不是這樣，她引用了書本 *Good to Great: Why Some Companies Make the Leap...and Others Don't* 當中的「斯托克代爾悖論」（The Stockdale Paradox）說明這點。

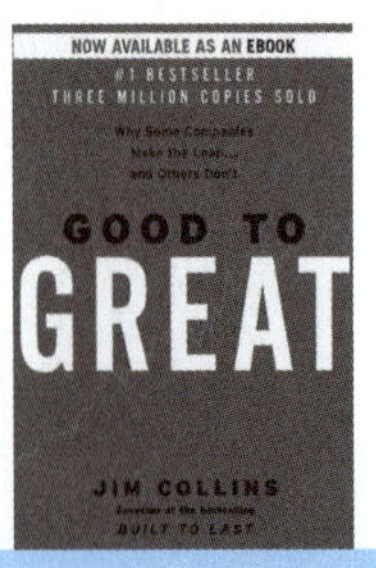

Good to Great: Why Some Companies Make the Leap...and Others Don't（圖片來源：Amazon）

作者 Jim Collin 寫這本書時想起逆境韌力這個詞，但他覺得要輔以一些真實例子作為佐證，於是去了訪問 Admiral James Stockdale，James Stockdale 是美國海軍一位高級將令，曾參與越南戰爭，亦曾被越共俘虜，關押在一個集中營長達七年之久，後來重獲自由。作者問對方在集中營的觀察，有什麼人是出不來了？ James 毫不猶疑地回答說，“Oh, that's easy, the optimists”（這容易，就是那些樂觀的人），他不假思索便說出來。死在集中營裏面的人，大都是很樂觀的，這實是令人感到非常意外；James 進一步解釋在集中營時，樂觀的人會對其他人說：「不要緊，不要緊，到聖誕節時，我們便可出去」。可是聖誕節過後，他們又會說：「沒關係，沒關係，明年的復活節就會有人救我們出去了」。但復活節又過了，他們仍然被關在集中營裏面，一次又一次受失望情緒打擊，往後就捱不到活着離開的日子。

具備逆境韌力的人，一方面要有自信心和信念，感覺自己一定可以支持下去；另一方面他們也不會盲目地樂觀，要肯去面對這個殘酷的現實，這看似非常矛盾，所以 Jim Collin 稱這種現象為「悖論」(paradox)，例如 James 知道自己在海軍的位置高級，是重要的戰俘，越共軍隊不太可能會放他出去，他告訴自己要堅強之餘，也認定餘下人生根本不可能活着離開集中營。而 Diane Coutu 就認為一個有逆境韌力的人，是會坦然地面對現實環境，他們自有一套紮實清晰的看法，通常沒有人會願意聽「你永遠都不可能走出這個集中營」，「你生還的機會很渺茫」之類的負面說話，儘管這些語句確實令人感到不安沮喪，**但現實卻是先要承認眼前的殘酷才可以有重獲生天的機會。**

另一個是企業的例子，就是摩根士丹利（Morgan Stanley）的災難防備措施。摩根士丹利是美國一間著名兼規模宏大的投資銀行，也是紐約世界貿易中心（World Trade Center）的最大租戶。在 2001 年 9 月 11 日發生了驚心動魄的 911 恐襲事件，公司當時大約有二千七百名僱員分別於世界貿易中心的兩棟大樓工作，單是 Tower 2，南塔的 43 至 74 樓都屬於他們。9 月 11 日的早上 8 時 46 分，第一架飛機撞上了北塔，可幸當時公司在北塔的辦公室沒有人辦工，儘管南塔仍未有事故，主管在一分鐘內決定即時疏散那裏的員工，他們的做法與同座機構截然不同。當第一架飛機撞上北塔的時候，大樓的物業管理仍然在起首十分鐘向周邊人說：「我們知道發生了什麼事情」、「沒有問題」、「會處理妥當」等話，所以南塔是沒有人急於疏散的，只有摩根士丹利在短時間內撤走員工。到了十五分鐘之後，不料有第二架飛機撞上了南塔，但那時候摩根士丹利的辦公室基本上已疏散了。雖然辦公室被飛機撞上了，但因疏散及時，所以在整個事件中他們大大減少了員工的傷亡，只有十三名員工喪生。

何故其他公司沒有如此迅速的反應呢？為什麼摩根士丹利卻會有截然不同的行動？後來總裁接受媒體訪問，稱其公司早於 1993 年已經歷過世貿中心的恐怖襲擊，那時有輛貨車裝了千磅炸藥，駛到北塔的停車場引爆，原意是希望北塔倒塌在南塔之上，然後兩棟大廈都會齊齊倒下來，幸虧當時沒有發生這種情況。公司當時用了四小時來疏散員工，有些員工甚至要步行超過 60 層樓梯逃生，他們事後覺得疏散過程緩慢，實在不能接受。高層領導意識到，既然公司選擇在美國一個充滿標誌性的商業權力中心工作，就要接受辦公室有機會受到恐襲這個事實。他們於 1993 年之後製訂了多方面的災難防備計劃（multifaceted disaster plan），不只是文件上的擬訂，最重要是當中之演習。很少有公司和機構認真地去做消防或災難演習，唯獨他們聘請了一批曾受軍事訓練的專業人士，每年指導員工演練，實是非常認真。

除此之外，摩根士丹利還建立了三個復原站（recovery

sites），同事可以在那裏聚集和工作，而一般公司只有一個站點，這實是十分難得。大部分公司特別是金融界，最珍貴的資產就是人和數據，任何數據都要備份，但當中很多都是在自己公司範圍做備份，即是設置了多一台伺服器，仍是安放在同一個地方。管理一個站每年要用約港幣 2.8 億元，成本非常昂貴，其他公司認為這是揮霍虛耗的政策，相信再次受恐襲的機會是微乎其微。但摩根士丹利願意花金錢資源建立遠離世貿中心的三個復原站。

當然，過了 2001 年 9 月 11 日之後，大家便不再這樣想了，為何其他公司沒有早些進行類似的災難應變計劃呢？沒錯，沒恐襲事件，摩根士丹利所花的錢基本上是沒有特別的效果和益處，不過公司採用另一個成本效益方法來計算，災難應變計劃表面上成本高昂，可是若機構視員工生命和數據為重要資產時，便會認為公司需要面對現實，既然恐襲確曾發生，將來亦有機會再次出現，投資在這方面是絕對值得的。

恐襲對香港來說當然有些遙遠，大家亦未必經歷過，但是全世界的人都經歷過大瘟疫，大部分公司現在和將來亦有機會遇上如全球暖化或氣候轉變之類的問題，兩者的出現率甚至比一次恐襲還要多，對於社會、羣體或居住環境帶來之影響亦可能更加嚴重。人類要面對現實生活的時候，就要考慮這些危機，既然知道這些事情將會發生，即或不是迫在眉睫，甚至好像還很遙遠，但機構如何看待員工的生命和資產，亦顯示出公司的價值觀是重視什麼。他們又是否願意在年度計劃時探究這些危機而制訂相應政策呢？

對生命是有價值及意義深信不疑

有逆境韌力的人在苦難當中，仍可以尋找並創造意義（make meaning）。在這方面的研究多提到兩種角色，一種是受害者（victim），另一種是倖存者（survivor）。受害者心態就是覺得自己很悽慘，不解為何這件事會發生在自己身上，遇上苦難、困境及疾病對受害者來説全沒有價值，只感到憂愁和失落，更不用説會從中學習到什麼意義（make meaning out of suffering）。相反倖存者的態度卻天淵之別，他們懂得在苦難中尋求意義，即使和受害者經歷同一種苦難，無論是意外、天災、失業、公司倒閉，甚至是家破人亡，對倖存者來説都會有所領悟，思考出當中隱含的真諦，令他們有勇氣繼續前行。

有幾個倖存者的例子，都是有關國家和民族，如何面對困境和災難，當中都包含了「幽默」、「感恩」和「寬恕」，我們平時可能很少去説這三個詞語，特別是「寬恕」，但這三項美德與逆境韌力其實有莫大關係。

幽默

第一個例子是菲律賓人的幽默與逆境韌力關係（Filipino humor and resilience），如果問一些菲律賓人或者研究菲律賓文化的學者，他們異口同聲會說菲律賓民族有個特性，就是他們大都很幽默。這個可能已是一個典型化現象，就如說法國人很熱情，英國人很保守之類。菲律賓人很喜歡笑和説笑，他們自己也承認這個特點，嘴邊經常說：「菲律賓人的心是不可動搖的」（Hindi natitinag ang pusong Pilipino）。不可動搖的意思就是韌力，而這個「不可動搖」就是他們如何去看待生命，如何去看待他們遇到的困難。菲律賓經常遇到天災，不論是颱風、地震和水災等，人民全部都以一個比較幽默的態度去面對。

在菲律賓下大雨時，人們上下班也非常狼狽，但有人會在街邊拾塊木板，放在地上，然後站在旁邊，如果你要借用他這塊木板以免踏到水坑上，就要給那人五毛錢。弔詭地有人真的會用這樣的服務，上班時間緊迫，又不想把鞋子弄濕，便會給那個人五毛錢。他們不是覺得下大雨很慘情，而是想到既然水浸了，那不如就搞搞新意思，你方便時我又開心，「放木板在水坑上走過」成了一個積極面對問題的態度。所以我們應該向菲律賓這個國家學習，**用幽默對待困境，才會有愈來愈強的逆境韌力。**

Pinoy Laughter Yoga
（圖片來源：Laughter Yoga International）
https://laughteryoga.org/laughter-yoga-with-nuns-in-the-philippines/

上述片段來自一個 Pinoy Laughter Yoga 的伸展運動報道，他們在做瑜珈時會笑聲滿滿，一邊運動，一邊放聲大笑，很難想像香港人會做這種活動；但這其實對身心也有益處，菲律賓的民族文化認為笑聲本身已有治療的能力。

機制：幽默成了一種應對的機制，Allen Klein 是一位作家兼專業演說者，他專門探討幽默這課題，他特別會去研究在集中營的人，那裏的人要生存下來，真是很需要風趣詼諧的態度，哪怕可能只是一種黑色幽默，所以他曾這樣說：「幽默是最能幫助人生存下去的工具之一」（humor can be one of our best survival tools）。

黏合劑：幽默發展下去確能成為一種社會黏合劑，例如說到「包租婆」、「斧頭幫」便會想起電影《功夫》，這是香港人有共鳴的回憶，大家都有相同的語言，相同的歷史，相同的笑點，所以這套作品很快便能夠帶動社會的歡愉氣氛。

抒發平台：幽默也可以成為社會問題的抒發平台，熟悉的例子有差利．卓別靈（Charlie Chaplin），著名的黑白默劇演員。他在 1940 年製作了《大獨裁者》（*The Great Dictator*）這套電影，這是在第二次世界大戰前夕，他在電影入面，盡情去譏誚希特拉（Adolf Hitler），諷刺納粹德國。這默劇是在美國製作，當時美國還未捲入第二次世界大戰，和德國仍然是很友好關係，依舊支持着對方的政策，但差利就用這個方法去諷刺時弊。

體驗人性：最後一點才是最重要的，就是用幽默去體驗人性灰暗的一面。當我們面對衝突，和別人有爭執時，或會容易將對方「去人性化」（dehumanization），視他們為敵人；當面對這種情況，我們就要學懂如何「再人性化」（re-humanize），無論是對待自己還是敵人。所有人都渴望歡笑，所以我們何不用幽默的方式對待你不喜歡的人？這樣能展現人的美好性格，用正面態度去體驗人性。上文提及菲律賓人如何用幽默的方法去面對困境，其實是説出一種價值觀，什麼才是人生中最重要，那就是尋找苦難中的意義，這不是短時間便能學懂，而是經過時間浸淫，培養出潛藏心底的價值觀；這個價值觀幫助你明白理解這個世界，助你分析周遭的事與人，用幽默的方式面對他們，即使「他們」是你的仇敵。

「感恩」和「寬恕」

感恩和寬恕跟逆境有什麼關係？當你遭人出賣，被誣蔑，被漠視的時候，你會如何面對？《聖經》中的約瑟教曉我們兩者在逆境韌力中的位置。

約瑟的故事：約瑟有十個兄長，還有個年幼弟弟，但他的哥哥們卻非常憎惡他。當然這個世界是沒有無緣無故的恨，其中一個原因是約瑟經常告密，將哥哥在外的惡行通知父親，惹來兄長對這個弟弟非常不滿；此外，約瑟常在不適當的場合說些不妥當的話。他曾經在家人面前訴說發了個夢，看見太陽、月亮和十一粒星星都要向他下拜，哥哥們很不滿的表示這豈不是要全家包括父母也向他跪拜？此外，父親十分偏心，寵愛約瑟及他的弟弟，並且只為約瑟造了一件價值昂貴的漂亮彩衣，這也難怪哥哥們嫉妒厭惡他，而這種不滿的情緒慢慢變成對他恨之入骨的仇視。

有一次，哥哥們在外放牧，爸爸見他們久久還沒回來，就派約瑟出去尋找他們的蹤影，希望兄弟們早點歸家。哥哥們看見約瑟從遠處過來，有的認為這個弟弟實在太可惡，建議殺死他。當中兩位哥哥於心不忍，覺得大家始終是血濃於水的手足，一位建議不如只把他拋落井下，聽天由命好了；另一位則認為由他自生自滅，最終可能會害死他，不如把他賣給其他人，大家有金錢收益之餘，他又不用死。結果兄長們進行了人口販賣，把約瑟賣到埃及。爸爸不知實情，以為約瑟真的死了，悲痛萬分，整個家庭也變得愁雲慘霧。

約瑟到了埃及之後，經歷多翻波折，輾轉被賣到一個官長的家，他做事出色，管理得宜，所以這個官長把家中大小事情都交給他處理。但家主的太太對約瑟起了色心，欣賞他的青踯白皙，高大威猛，英俊瀟灑，每天都想辦法色誘對方。約瑟當然覺得這是有失禮數，有違道德的事情，儘量避開主母。但有一次在逃避過程中卻遺下了外衣，主母很是憤怒，拿着那件衣服，對外誣衊約瑟想在家裏侵犯她，官長當然相信太太的說話，結果約瑟百詞莫辯，慘被中傷，最終被下在監裏。在監獄裏面，約瑟幫了許多人，但那些人回復自由後卻忘記他的恩情，約瑟依然囚在監獄中。後來埃及王法老有陣子心裏不平安，需要人解夢分析，最終有位曾受約瑟恩惠的人記起他，把他推薦給法老，解答了王的難題。原來這夢的啟示是國家未來的日子將會有嚴重饑荒，約瑟便提議王要好好儲糧，確保埃及人民有糧可吃，而其他國家的人到埃及買糧，也可把食物賣給他們，給予幫助。

後來約瑟成為埃及宰相，因為饑荒的緣故，約瑟的家人，那十個曾經陷害過他的哥哥到埃及買糧，但他們已認不出這個弟弟。約瑟心裏非常糾結，思想該不該幫助那些曾經害過他的人，他最終還是選擇了幫忙。

約瑟曾說了兩句說話，看到他有感恩和寬恕這兩種高尚的品格，第一句說話就是「**這是上帝差我在你們以先來，為要保全生命**」，所以他從這一個角度來看，被賣到埃及，不是因為哥哥的惡意，而是因為冥冥中有主宰，是上帝要他先來埃及作好準備，這樣才可救回全家，心中充滿感恩。第二句說話就是「**從前你們的意思是要害我，但上帝的意思原是好的……現在你們不要害怕，我必養活你們和你們的婦人孩子。**」這可看出約瑟的不計較，寬恕待人的情操。哥哥們因為罪疚感，認為約瑟昔日可能因為父親的緣故才對家人施以援手，現在父親死了，大可殺了他們，甚至誅連下一代，所以就祈求約瑟饒恕他們，約瑟安慰他們不用擔心，他是真心誠意地救家人。原來人從前所受的傷害可以轉化成祝福，明白痛苦不但能使自己堅強，甚至可以恩澤後世，以致最後大家也可重整生命和關係。

在整件事情當中，約瑟需要逆境韌力支持才能生存下去，他的前半生多災多難，顛沛流離，相信沒有人想經歷這些困境。但「是禍躲不過」卻是人生的寫照，是必然存在的定律，現實這個世界根本不存在事事如意的情況。**雖然人性往往希望趨吉避凶，趨樂避苦，但既然避無可避，就要坦然接受這一點，所以我們首要是學習約瑟那樣承認苦難在人生中有其位置，即使身陷困難之中，也不至怨天尤人，驚惶失措。**

此外，在苦難裏總會有些正面意義，約瑟的經歷多慘痛，常常一次又一次的求助無援，但《聖經》卻沒有提及約瑟的感受。直到後期，就是他遇見那些曾經傷害過自己，卻又是他所心愛的家人時，《聖經》反而描寫他激動流淚，情感愈強，意義愈大，因為他深刻體會到化咒詛為祝福的意義。我們又能否像約瑟一樣領悟到苦難的意義？這才是逆境韌力其中必備的元素。

8.4 價值觀的迷思

有人會好奇全世界最有逆境韌力的組織是那個？這個團體經過戰爭、腐敗和分裂，仍能生存了二千多年，答案就是天主教會。當中他們經歷過多場戰爭，內部亦多次分裂，教會裏面也曾出現腐敗，但天主教會卻還可以生存到現在。有些學者分析是因為他們有一個強而紮實的價值觀和體系，給予成員們人生價值，使他們在面對多次逆境下，仍然可以堅持忍耐。

其實部分企業公司都有自己的信條（creeds），不少公司甚至會用宗教字眼來描述它們的價值體系，例如強生公司（Johnson & Johnson），他們的信條稱為 Credo（https://www.jnj.com/credo/）；而聯合包裹公司（United Parcel Service, Inc.）就有 Noble Purpose，訴說出公司的價值觀和宗旨。

不過公司單有這些句子並不代表他們真的有崇高理想，這可能只是一種公關多於實際意義。其中一個例子就是菲利普莫里斯國際（Philip Morris International）。這是美國一間上市的大型煙草商，旗下有約 130 個煙草品牌，最出名的就是「萬寶路」（Marlboro）香煙，這間公司其實在美國並不受歡迎，不少州政府都會和它打官司，因為香煙使很多人的身體出現健康問題，但是經過那麼多訴訟以後，它仍然可以屹立不倒。在上市公司中，它的股價還挺不錯的，Philip Morris 的價值觀是什麼呢？什麼才是他們的信條？它的公司有一個信念，認為成人有選擇自由（adult choice），有些煙民就這樣相信，既然已是成人了，就由他們自由決定吸煙與否，故此政府不應該立例去禁止煙草產品。而整間公司上下，無論是最高級管理層到最基層的銷售員，都很認同這種 adult choice 的價值觀。該公司在 2018 年曾經有個新的決議，直接表明說「菲利普莫里斯以香煙馳名，每一年也有很多煙民選擇放棄吸煙，現在是時候輪到我們放棄了。」（Philip Morris is known for cigarettes. Every year, many smokers give them up. Now it's our turn.）這看似非常矛盾，但其實這個決議卻是要在市場上慢慢摒棄香煙而推廣電子煙！煙民有權選擇放棄吸煙與否，但同樣有權選擇吸食電子煙。這顯示出它是一間非常有逆境韌力的公司，儘管面對繁多的訴訟，仍穩如泰山。由此亦反映出即使有逆境韌力，並不代表抱持的是大眾普遍認同的價值觀。

另一個反面教材就是在前面章節提到的 Viktor Frankl 寫的《活出意義來》書中提到的集中營，部分在集中營出來的人曾這樣說，「平均而言，對於那些長年由一個關押地被送去另一拘禁地的在囚人士來說，只有為生存拋開所有顧忌的人才能最終活着；他們會行使一切手段，甚至會使用暴力、採取盜竊行徑和背叛他們的朋友，以達致拯救自己的目標。」（On average, only those prisoners could keep alive who, after years of trekking from camp to camp, had lost all scruples in their fight for existence; they were prepared to use every means, honest and otherwise, even brutal force, theft, and betrayal of their friends, in order to save themselves.）

上述說明可謂現實版的 Netlfix 影集《魷魚遊戲》，這批人在掙扎求存的過程中，可以將所有的價值觀或道德感跟生存完全切割，拋諸腦後，這批人無疑具備強大的逆境韌力，他們即使偷呃拐騙，出賣朋友，都要設法保存自己的性命。書中有一句名言："We know: the best of us did not return."（我們明白：當中最優秀的人沒有回來），意思是品格最高尚，最有犧牲精神，最有愛心，最願意付出的人，不會活着離開集中營。讓人反思有逆境韌力是好的，生存是好的，但當現實環境和我們曾認為值得追隨的價值觀和道德教養相違背的時候，我們又要如何選擇呢？

8.5 總結

文章"How resilience works"引用心理學教授 Karl Weick 說到「有充分證據顯示當人承受壓力的時候，他們很容易退縮回去平時習慣了的應對模式。」（There is good evidence that when people are put under pressure, they regress to their most habituated ways of responding.）如果人在順境的情況都不能持守應有的價值觀，那更不用期望自己在困境之下可實踐出來。所以 Diane Coutu 認為，逆境韌力是個「條件反射」（reflex），正如你用物件輕敲膝蓋，腳部會有非常大反應，所謂條件反射，是人心底裏所抱持的世界觀和價值觀，會引導我們如何去面對及理解這個社會。**而在逆境韌力當中的歷程，人類最深處的潛藏品格就會展現出來。**

我們現正經歷一個根本性時代的轉變，以往可能習慣了如何去處理一些增量改變（incremental change），但現在卻要學習如何去應付一些根本上的改變（radical change），在逆境尋找韌力，開拓出真正的出路。

延伸思考

1. 有些工作是需要天天面對逆境，你認為是哪些工作？

2. 今天的社會比較不穩定、複雜、模棱兩可、轉瞬即逝，更需要逆境韌力嗎？

3. 人的逆境韌力比學識及教育水平更重要嗎？

4. 逆境韌力的目標是反彈恢復從前（rebound）嗎？

5. 逆境靭力的目標是建立更新的力量來面對將來（bounce forward）嗎？

6. 你認為什麼東西必須在逆境中保留？

7. 什麼東西可以在逆境中放下？

8. 逆境韌力三部曲：
   - 接受現實；
   - 強烈信念與意義；
   - 超凡的創作能力和面對不肯定的能力。

   你認為哪方面最重要？

9. 摩根士丹利在 911 的逃生個案，給你最深刻的印象是什麼？

10. 約瑟這聖經人物經歷一連串的人生挫折，為什麼仍能站起來，成為領袖？

Collns, Jim (2001). *Good to Great: Why Some Companies Make the Leap...and Others Don't*. N.Y.: Harper Business.

Coutu, Diane (2002). *How resilience works. Harvard Business Review, 05*. Retrieved from: https://hbr.org/2002/05/how-resilience-works

Eggers, Jennifer, and Barlow, Cynthia (2019). Resilience: It's not about bouncing back: *How Leaders and Organizationsc Can Build Resilience Before Disruption Hits*. Florida: Best Seller Publishing.

Frankl, Viktor E. (1992). *Man's Search for Meaning: An Introduction to Logothera*. Boston: Beacon Press.

Hodgson, Camilla (2018). The maker of Marlboro took out a full-page ad saying its New Year's resolution is to 'give up cigarettes. *Insider* (January 3).

Morgan Stanley case study. Retrieved from: https://www.ready.gov/sites/default/files/2020-04/business_morgan-stanley-case-study.pdf

Walker, B., C. S. Holling, S. R. Carpenter, and A. Kinzig (2004). Resilience, adaptability and transformability in social – ecological systems. *Ecology and Society, 9* (2), 5.

本書是恩光書院為企業培訓時的內容，接受培訓的學員有以下回應：

- 要做一個好的領袖就需要有良好的品格和價值觀，這樣才可以帶領下屬達到長遠的目標。
- 領袖除了技術層面外，個人特質及心理質素更重要。
- 對自身的反省，思想得啟發，對於內心和品格上的修養提升比硬技能更重要。
- 助我成為一位好領袖，誠信、創意及逆境韌力的課題好有啟發性。
- 凡事以品挌價值中的元素方向去想及實踐，有助把事情處理和發揮更好。